TRADITIONELL TUNEN

TRADITIONELL TUNEN

Feinabstimmung von Langbogen und Recurve

von

Ekkehard Höhn und Karl-Heinz Hörnig

VERLAG ANGELIKA HÖRNIG

TRADITIONELL TUNEN

Feinabstimmung von Langbogen und Recurve

von Ekkehard Höhn und Karl-Heinz Hörnig

Umschlag, Fotos im Textteil, Gestaltung und redaktionelle Bearbeitung: Angelika Hörnig
Überarbeitung der 3. Auflage: Volker Alles

Druck: Laub GmbH & Co KG

ISBN: 978-3-9805877-1-6

Verlag Angelika Hörnig
Siebenpfeifferstraße 18
D-67071 Ludwigshafen
www.bogenschiessen.de

Daran, wie ein Mann einen Bogen spannt,
kann man seine Moral und sein Handeln erkennen.
Konfuzius

Einleitung

Vor euch liegt ein kleines Buch, in dem es ausschließlich um das Tunen von traditionellen Bogen geht. Es wurden hier bewusst keine anderen Themenbereiche des Schießens mit dem einfachen Bogen angeschnitten, wie zum Beispiel die Schießtechnik, sondern nur das, was in direktem Zusammenhang mit dem Tuning steht.

Dafür war es jedoch unser Ziel, die Aspekte der Materialabstimmung möglichst umfassend zu behandeln, um besonders den Anfängern im traditionellen Schießen, aber auch den erfahrenen Bognern (bei besonders problematischen Tuning-Fällen) ein praktisches Nachschlagewerk an die Hand zu geben.

Zum einen gibt diese Schrift Einblicke in die Art und Weise, in der ein abgeschossener Pfeil den Bogen verlässt, zum anderen findet ihr hier eine nachvollziehbare Tuning-Anleitung für euren Recurve oder Langbogen.

Wir haben versucht, dieses Büchlein so systematisch wie möglich aufzubauen:

- Zunächst erläutern wir die Hintergründe des Bogentunings,
- dann folgt eine praktische Tuninganleitung und anschließend
- untersuchen wir die Auswirkungen von einzelnen Änderungen im System Schütze - Bogen - Sehne - Pfeil auf den Pfeilflug.
- Und zum tieferen Verständnis folgt noch eine Einführung in die Physik des Bogens.

Abschließend möchten wir hier nur noch bemerken, dass die Binsenweisheit „Es gibt nichts Gutes auf der Welt, es sei denn man tut es" auch auf das Tuning angewendet werden kann:

„Eure Pfeile werden nicht gerade fliegen,
es sei denn ihr tunt eure Ausrüstung."

Also, 'ran an die Bogen !

Die Autoren Ekkehard Höhn und Karl-Heinz Hörnig

Inhalt

Kapitel 1

Tuning, was ist das ? 10

- Sinn, Zweck & Vorteile
- Tuning, was erwartet euch da? 12
- „Reiten, wedeln, trudeln“
  - Bewegungen eines nicht abgestimmten Pfeils 12
- Das Paradoxon des Bogenschießens
  - ein Gedankenmodell 15

Kapitel 2

Welches Tuning für wen? 19

- Grobtuning: Praktische Anleitung 20
- Feintuning : Standhöhe 25
  - Pfeile: Alupfeile 28
    - Holzpfeile 30
  - Rohschafttest I 33
  - Rohschafttest II 38
  - Papiertest 40

Kapitel 3

Einflussgrößen des Pfeils 42

- Pfeillänge • Spinewert 42
- Spitzengewicht 43
- Spitzenform 44
- Schaftform 45
- Befiederung 46
- Nockpassung 48
- Schaftmaterial • Schaftgewicht 49

Kapitel 4 **Einflussgrößen der Sehne** ... 50
- Material ... 50
- Strangzahl • Bauart ... 52
- Dämpfer ... 53

Kapitel 5 **Einflussgrößen des Bogens** ... 54
- Mittenschnitt ... 54
- Pfeilauflage ... 57
- Pfeilanlage ... 58

Kapitel 6 **Einflussgrößen des Schützen** ... 59
- Auszugslänge ... 59
- Griffhaltung ... 61
- Abzug/Ablass /Lösen / Release ... 62
- Bogenarm ... 62

Kapitel 7 **Tuning von Holzbogen** ... 64
- Fragen und Antworten ... 64

Kapitel 8 **Angewandte kleine Bogenphysik** ... 67
- Lesen eines Auszugsdiagramms ... 68
- Bogengeometrie und Bogencharakter ... 75
- Wieviel Energie überträgt der Bogen auf den Pfeil ... 77
- Die Akkuratesse eines Bogens ... 83

Kapitel 1

Tuning, was ist das ?

Unter Tuning versteht man im Bogensport - wie auch in anderen Sportarten (Motorsport) - die Feinabstimmung des Materials, um das letzte Leistungsquäntchen aus der Ausrüstung herauszukitzeln.
Speziell beim Bogenschießen ist damit die Abstimmung von Bogen, Sehne und Pfeil auf den Schießstil des Schützen gemeint. Eine Bogen-Pfeil-Kombination, die bei dem einen Schützen einwandfrei arbeitet, muss bei dem anderen nämlich noch lange nicht funktionieren.

Bei dieser oben angesprochenen Abstimmung geht es letztendlich immer darum, einen möglichst sauberen, geraden Pfeilflug zu erhalten, es sei denn, man tunt seine Ausrüstung primär auf ein anderes Ziel hin (geringe Geräuschentwicklung oder vielleicht auch geringerer Handschock). Normalerweise steht der Aspekt des Pfeilflugs aber im Vordergrund. Andere Eigenschaften sind zusätzliche Ziele.

Warum Tuning ? Sinn, Zweck & Vorteile

Warum soll der Pfeil eigentlich nun möglichst gerade fliegen?
Verschiedene Gruppen von Bogenschützen werden euch darauf verschiedene Antworten geben.
Die **Flight-Schützen**, die nur auf Distanz schießen wollen, sagen, dass ein gerade fliegender Pfeil weniger Stirnfläche und damit auch einen geringeren Luftwiderstand hat als ein trudelnder Pfeil. Sie wollen also einen gestreckten Pfeilflug, um noch ein paar Meter weiter zu kommen.
Feldschützen müssen bei Turnieren oft durch kleine Lücken im Gebüsch oder durch enge Astgabeln schießen. Sie brauchen den geraden Pfeilflug, weil ein hin und her schwänzelnder Pfeil an diesen Stellen gar nicht durchkommt. Er schlägt

stattdessen an, wird aus der Bahn geworfen und trifft das Ziel nicht oder zerbricht sogar. Ein trudelnder Pfeil ist außerdem ein langsamerer Pfeil, und ein langsamer Pfeil hat eine höhere parabolische Flugbahn als ein schneller Pfeil, der flacher und gerader fliegt. Das wiederum macht das bewusste oder unbewusste Schätzen von Entfernungen weniger kritisch, da sich Schätzfehler nicht so drastisch auf die Schussweite auswirken. Bei einer sehr hohen Flugbahn besteht außerdem (im Wald) häufig die Gefahr, dass der Pfeil am höchsten Punkt seiner Flugbahn an Äste anschlägt, ein Treffen des Ziels also gar nicht möglich ist.
Die **Bogenjäger** wollen einen Pfeil mit möglichst großer Durchschlagskraft. Hier muss die gesamte Masse des Schafts hinter der Spitze stehen, um ein gutes Resultat zu bringen. Bei einem trudelnden oder taumelnden Pfeil ist das natürlich nicht der Fall.
Scheibenschützen (es gibt auch solche mit traditioneller Ausrüstung) brauchen eine saubere Flugbahn des Pfeils, um ihre Treffergenauigkeit zu erhöhen. Ein Pfeil, der beim Fliegen wedelt, hat ein gewisses Eigenlenkverhalten, trifft also nicht genau dort auf, wo der Schütze hingezielt hat.
Zu guter Letzt gibt es dann noch die Gruppe von **Ästheten**, die beim Anblick von in der Luft herumwackelnden Pfeilen einfach ganz krank werden und sich erst wieder beruhigen, wenn ihre Geschosse wie an der Schnur gezogen dahinzischen. Diese Einstellung können wir durchaus nachvollziehen.

Wir haben hier also verschiedene Meinungen, warum ein Pfeil gerade fliegen sollte. Aber welche ist nun richtig ? Alle sind richtig ! Ein sauber fliegender Pfeil ist schnell, hat eine flache Flugbahn, eine große Durchschlagskraft, kommt durch die kleinste Lücke, trifft gut und ist am Ende auch noch schön anzuschauen. Was will man also mehr?

Tuning, was erwartet euch da ?

Wir sprechen hier ausschließlich über das Tunen von traditionellem Gerät, das heißt über glasbelegte Lang-, Flach-, und Recurvebogen, sowie über nicht glasbelegte Langbogen (Selfbows, reine Holzbogen), die mit Holz- oder Alupfeilen geschossen werden.

Das Tunen dieser Ausrüstung ist überschaubarer als das Tunen eines FITA - Bogens oder auch das eines Compound-Bogens, denn es gibt einfach nicht so viele Einstellparameter. Im Allgemeinen ist es sogar sehr überschaubar, wobei die Gruppe der Selfbogen da schon mal eine Ausnahme machen kann (warum das so ist und was dann zu tun ist, erklären wir später).
Wenn man ein paar Vorüberlegungen zu Bogen, Sehne und Pfeil anstellt, ist das Tuning in vielen Fällen kein Thema, das stunden- oder tagelangen Aufwand erfordert. Meistens ist die Materialeinstellung nach 30 Minuten bereits soweit gediehen, dass man sich anderen Dingen zuwenden kann.
Meistens... !

„Reiten, wedeln und trudeln"

Bewegungen eines nicht abgestimmten Pfeils

Ein nicht richtig abgestimmter Pfeil kann zwei Dinge tun:
Er kann in einer senkrechten Ebene pendeln, wir bezeichnen das mit "**reiten**", weil man von hinten eine Auf - und Abbewegung des Pfeils erkennt.
Oder er kann in einer waagerechten Ebene pendeln, von hinten erkennt man eine Rechts-Links-Bewegung, dann "**wedelt**" der Pfeil.
Beide Bewegungen können außerdem auch noch überlagert auftreten, der Pfeil „**trudelt**" dann, und es sieht so aus, als wenn das Pfeilende rotiert.

Der Pfeil "reitet"

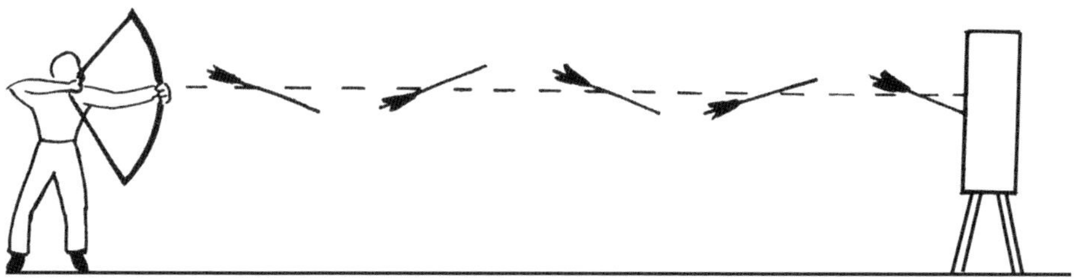

Steht man seitlich oder hinter dem Schützen, kann man die Auf- und Abbewegung des Pfeils erkennen.

Reitet ein Pfeil, so liegt das hauptsächlich daran, dass die Position des **Nockpunkts** nicht zum Rest der Ausrüstung und zum Schießstil des Schützen passt. Der Nockpunkt (und damit der Pfeil) sitzt entweder zu hoch oder zu tief auf der Sehne, wodurch die Auf - und Abbewegung beim Abschuss ausgelöst wird.

Warum bringt man den Nockpunkt nicht einfach so an, dass der Pfeil rechtwinklig zur Sehne und gerade über die Pfeilauflage läuft ? Das ginge, wenn man den Bogen in seiner geometrischen Mitte greifen und den Pfeil auch genau an dieser Stelle abschießen könnte, vorausgesetzt, beide Wurfarme wären gleich stark. Die menschliche Hand fasst den Bogen aber nicht an einem Punkt, sondern schon an einer größeren Fläche. Meist liegt die Hand etwas unterhalb der Bogenmitte und die Pfeilauflage ist leicht oberhalb von ihr.
Um bei diesen Verhältnissen einen geraden Pfeilflug hinzukriegen, bringen wir den Nockpunkt ebenfalls nicht mittig an. (Siehe auch Seite 24)

Der Pfeil “wedelt“

Aufsicht

Steht man hinter dem Schützen, kann man die Links- /Rechtsbewegung des Pfeils erkennen.

Wenn der Pfeil **wedelt,** dann stimmt der **Spine-Wert** nicht. Dieser Wert ist ein Maß für die Biegesteifigkeit des Pfeilschafts.

Man bestimmt den Spine-Wert mit einem **Spine-Tester**. Dabei wird der Schaft auf zwei Auflageblöcke gelegt, die einen Abstand von 26 Zoll, heute manchmal auch 28 Zoll, voneinander haben. In die Mitte hängt man ein Gewicht von zwei englischen Pfund[1] (pound) an den Schaft.

Dann misst man, wie weit sich der Pfeil unter dieser Gewichtskraft durchbiegt. Dieser Durchbiegung (gemessen in mm oder 1/1000 inch) wird ein Bogen-Zuggewicht zugeornet. Es wird in pounds (lbs.) angegeben und bezieht sich damit auf ein Bogen-Zuggewicht, zu dem der gemessene Schaft ungefähr passen soll. Ungefähr, weil viele Faktoren eures Bogens beim Tuning eine Rolle spielen, nicht nur das Zuggewicht. (Übrige Faktoren siehe Kapitel 3 - 6)

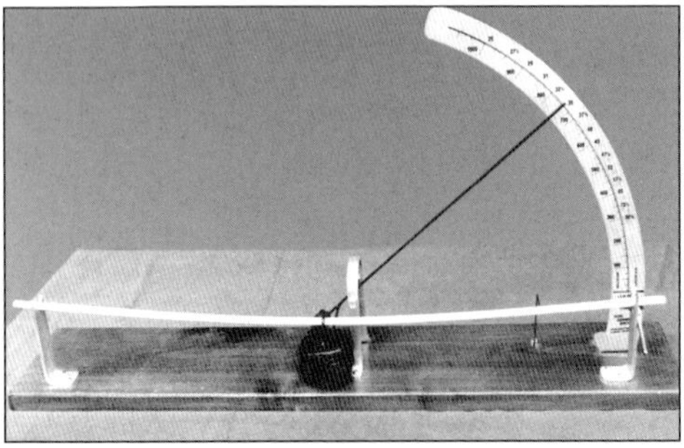

Spine-Tester

1 Ein engl. Pfund (lbs) = 453,59 Gramm

Diese empirisch ermittelte Zuordnung stammt noch aus der Zeit, in der die Langbogen zwar schon glasfiberverstärkt waren, aber noch eine gerade Form aufwiesen und mit Dacron-Sehnen geschossen wurden. Sie treffen auf die heutigen, schnelleren Recurves mit Carbon-Einlagen oder deflex-reflex Langbogen mit fast-flight-Sehnen nicht mehr ganz zu. Die heutigen modernen Bogen brauchen in der Regel etwas steifere Pfeile.
Wenn ihr keinen Spine-Tester zur Verfügung habt, sucht der Händler nach euren Angaben (Bogentyp, Zuggewicht, Pfeillänge) den grob passenden Schaft für euch aus. (Siehe auch „Pfeile“ Seiten 28-31)

Warum die Steifigkeit eines Pfeils für das Tuning wichtig ist, erklären wir im nächsten Abschnitt.

Das Paradoxon des Bogenschießens

Ein Gedankenmodell zur Grundlage des Tunens

Spätestens seit die ersten Aufnahmen vom Abschuss eines Pfeils in Superzeitlupe gemacht wurden, wissen wir es genau: Ein Pfeil verlässt den Bogen nicht in einer geraden Linie, sondern er biegt und windet sich dabei ziemlich atemberaubend um den Bogen herum. Verschiedene Firmen haben solche Aufnahmen mit speziellen Kameras gemacht, und wenn man sich das einmal angesehen hat, staunt man, dass ein Pfeil überhaupt gerade fliegen kann und nicht schon im Abschuss zerbricht.
Dieses Phänomen der Pfeilbiegung während des Abschusses ist im englischen Sprachgebrauch als „Archer´s Paradox“ (archer = Bogenschütze) bekannt, zu deutsch nennen wir es hier das „Paradoxon des Bogenschiessens“.
Paradoxon deshalb, weil der Pfeil, obwohl er beim Abschuss eine seitliche Ablenkung erfährt, dennoch in die richtige Richtung fliegt.

Bei einem Rechtshandschützen deutet der Pfeil (mit einem nicht über Center[2] geschnittenen Bogen) mit der Spitze leicht nach links. Durch die Verwindungen, die er beim Abschuss erfährt, fliegt der Pfeil dann aber geradeaus, sofern er richtig getunt ist jedenfalls.

Dass der Pfeil sich überhaupt verbiegt, liegt an seiner Massenträgheit. Jeder Körper hat das Bestreben, in seinem derzeitigen Bewegungszustand zu verharren (träge sein). Ruht ein Körper, so braucht man Kraft, um ihn zu beschleunigen, bewegt er sich, muss man Kraft aufwenden, um ihn zu verzögern.

Wenn ein Bogen nun ganz ausgezogen wird und der Pfeil auf der Sehne liegt, dann ruht der Pfeil, er bewegt sich ja nicht. Im Moment des Abschusses wird er aber beschleunigt. Die Wurfarme schnellen nach vorne und übertragen ihre Bewegungsenergie durch die Sehne auf den Pfeil. Das klingt harmlos, ist aber recht heftig.

Einen Teil dieser Kraft erfahrt ihr selbst, wenn euch mal die Sehne an den Unterarm schlägt (je größer die Kraft, desto größer der blaue Fleck). Die Beschleunigung des Pfeils ist so groß, dass sich der Pfeil unter der Energie, die auf ihn einwirkt, verbiegt.

Das Ziel des Tunings ist es, diese Biegung von Schuss zu Schuss gleich und auf eine bestimmte Art und Weise ausfallen zu lassen.

Wie sich ein Pfeil biegen soll, zeigt die nebenstehende Grafik. Dargestellt ist der Bewegungsablauf eines Pfeils während seines Abschusses aus einem Rechtshandbogen von oben gesehen.

2 Centerschnitt eines Bogens: Seht im Kapitel 5: „Einflüsse des Bogens“ nach.

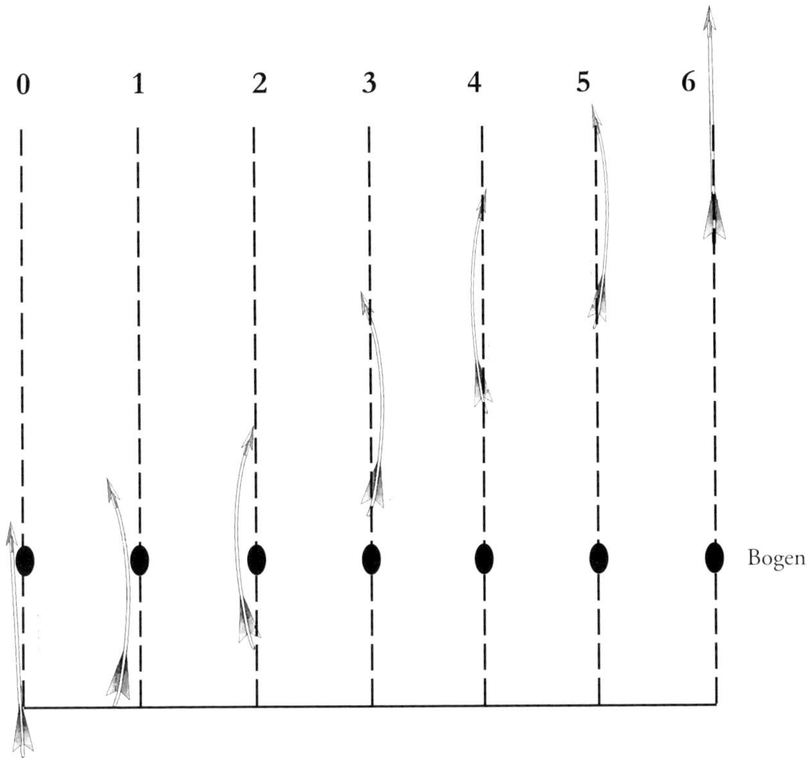

0 Der Pfeil ruht im ausgezogenem Bogen, die Spitze zeigt leicht nach links.

1 Beim Ablass rollt die Sehne über die Fingerkuppen der Zughand nach links, wodurch der Pfeil nach rechts gebogen wird.

2 Wenn der Pfeil die richtige Elastizität / Biegesteifigkeit (Spine-Wert) besitzt, biegt er sich nun in die entgegengesetzte Richtung (nach links) und kommt ohne Berührung des Mittelteils am Bogen vorbei.

3 - 6 Der Pfeil hat den Bogen vollständig passiert, schwingt aber in der Luft noch nach. Abhängig vom Eigendämpfverhalten des Schaftmaterials und von anderen stabilisierenden Faktoren (z.B. die Federn) nimmt dieses Nachschwingen mehr oder weniger schnell ab, und der Pfeil fliegt gerade.

Auf dieses **Paradoxon des Bogenschießens** werden wir in den einzelnen Kapiteln immer wieder Bezug nehmen, indem wir darzustellen versuchen, welche Auswirkungen die einzelnen Änderungen im System **Schütze - Bogen - Sehne - Pfeil** auf das Schwingungsverhalten des Pfeils haben.
Vorgreifend, und um noch mal auf das Wedeln zurückzukommen, können wir an dieser Stelle aber schon festhalten, dass es bei unpassendem Spine-Wert zu eben besagtem Wedeln kommt.

Ein zu **weicher** Schaft wird zu stark gebogen und schwingt zu lange nach, stabilisiert sich also nicht schnell genug, oder er driftet im Flug sogar nach **rechts** ab (bei einem Rechtshandschützen[3]), weil er sich in Phase 2 zu stark um den Bogen herumbiegt.

Ein zu **steifer** Schaft biegt sich nicht genug, schlägt vielleicht am Bogen an und hat eine Tendenz, nach **links** abzuweichen (gilt ebenfalls für Rechtshandschützen, bei Linkshandschützen ist es gerade umgedreht: weicher Schaft tendiert zur linken, steifer Schaft zur rechten Seite).

3 Ein Rechtshandschütze zieht mit der rechten Hand, hält den Bogen also in der linken Hand. Der Pfeil liegt links am Bogen.

Kapitel 2

Welches Tuning für wen ?

Wenn man diese Frage liest, kann man darauf schließen, dass es verschiedene Sorten des Tunings gibt. Verschiedene Sorten vielleicht nicht, aber zumindest verschiedene Stufen, die sich an den verschiedenen Anforderungen der Schützen orientieren.

Wir würden unterscheiden zwischen einem ersten **Grob-Tuning** für den Anfänger und einem **Fein-Tuning** für die Bogner, die ihren Schießstil schon entwikkelt und gefestigt haben.
Diese Unterscheidung ist sinnvoll, da das Abstimmen des Materials in großem Maße vom Schießstil des Schützen abhängig ist.
Der verwendete Pfeil muss also nicht nur zum Bogen passen, sondern der Bogen muss mit dem Schützen (selbstverständlich, oder?) **und** der Pfeil muss mit **allen beiden** harmonieren.

Um Pfeile gleichmäßig, konstant und sauber aus einem Bogen zu schießen, braucht man auch eine gleichmäßige und konstante Schießtechnik. Bei einem Anfänger ist diese Technik noch nicht entwickelt.
Woher sollte sie auch kommen? Deswegen raten wir einem Neuling, sich nicht den Kopf über ein perfektes Tuning zu zerbrechen, sondern sich mit einem Grob-Tuning zufriedenzugeben, zumindest solange, bis er sich über die Bewegungsabläufe keine Gedanken mehr zu machen braucht.
Er wird nach dieser Phase ohnehin meist den Bogen wechseln (einen stärkeren nehmen oder vom Leihbogen auf einen eigenen umsteigen), und dann ist auch ein feineres Tuning sinnvoll.

Grob-Tuning

Wir nehmen an, dass der Bogen gegeben ist. Ausgesucht nach Bogenstärke (Zuggewicht) und Bogenlänge, passend zur Kraft und zur Auszugslänge des Schützen. Auf diesem Bogen befindet sich auch eine passende Sehne. Wenn ihr eure Ausrüstung in einem Fachgeschäft erworben habt, bekommt ihr normalerweise auch grob abgestimmte Pfeile dazu, falls nicht im Fachgeschäft erworben, müsst ihr euch selbst helfen, und das geht so:

1. Pfeilsorte

Ihr entscheidet euch, welche Pfeile ihr schießen wollt. Sollte euer Bogen ein **Recurve** sein, raten wir zu Alu, denn diese Schäfte sind haltbar, gleichmäßig in Gewicht und Spine und deshalb erst mal unproblematisch. Das sind sehr praxisorientierte Gründe. Habt ihr einen **Langbogen,** fangt ihr vielleicht gleich mit Holzpfeilen an, denn auf den allermeisten Turnieren werdet ihr hinterher auch Holzpfeile schießen müssen.

2. Auszugslänge und Pfeillänge

Die Auszugslänge wird sich vermutlich im Laufe eurer schießtechnischen Entwicklung noch verändern. Sofern ihr eure aktuelle Auszugslänge nicht kennt, müsst ihr sie jetzt bestimmen.

Dazu spannt ihr euren Bogen, zieht ihn bei aufgelegtem Pfeil aus, und ein freundlicher und unerschrockener Mitbewohner (seitlich stellen !!) markiert den Pfeil mit einem Strich an der Stelle, an welcher die Bogenvorderkante den Pfeil schneidet. Man kann sich auch extra einen Maßpfeil kaufen oder ihn selbst herstellen (mit Zolleinteilungen), dann liest man die Auszugslänge an dieser Stelle einfach ab.

Ansonsten ist die Länge vom Nockboden (der Teil der Nocke, auf den die Sehne drückt) bis zur markierten Stelle eure Auszugslänge. Zieht den Bogen ein paar Mal aus, auch mit geschlossenen Augen, und bemüht euch nicht, bei dieser Aktion besonders weit auszuziehen. Das hat nämlich keinen Sinn.
Zu dem gemessenen Wert addiert ihr jetzt noch fünf Zentimeter hinzu, und das ist dann eure Pfeillänge für den Anfang. Diese fünf Zentimeter sollen verhindern, dass ihr euch eure eigenen Pfeile durch die Hand schießt, wenn ihr mal besonders lang auszieht, der Pfeil dabei nach hinten von der Auflage rutscht, und ihr dann trotzdem loslasst. Ihr wäret nicht die ersten, denen das passiert, vermutlich auch nicht die letzten.

Es gibt aber auch noch eine einfachere und schnellere Methode zur Bestimmung der ungefähren Pfeillänge, die beim Grobtuning ausreichend genau ist:
Ihr stellt den Pfeil mit der Nocke auf euer Brustbein, so dass seine Spitze in Blickrichtung deutet.
Dann fasst ihr mit ausgestreckten Händen und Fingern am Schaft entlang.
Wo eure Fingerspitzen am Schaft enden, plus 5 cm, könnt ihr ihn abschneiden.

3. Zugstärke des Bogens

Das ist das nächste, was ihr wissen müsst. Die Zugkraft eines Bogens ist fast immer auf dem unteren Wurfarm oder auf dem Mittelteil angegeben.
Da steht dann unter anderem zum Beispiel:

32 # @ 28"	was besagt, dass ihr damit einen Bogen hättet, der bei einem Auszug von 28 Zoll 32 pounds stark ist.
#	heißt hier „pound“, was auch mit „lbs.“ abgekürzt werden kann. Das ist das Maß für die Bogenstärke, sie entspricht also der Gewichtskraft von 32 englischen Pfund.
@	steht für das englische „at“ , also heißt es hier „bei“.
"	ist das englische Zeichen für „inch“, ein inch ist ein Zoll, das sind 2,54 cm.

Ist euer Auszug geringer als 28", dann ist das Zuggewicht, das ihr tatsächlich auf den Fingern habt, ebenfalls geringer als 32 pounds, pro Zoll ungefähr 2 bis 3 pound weniger, je nach Bogen.
Wenn ihr länger zieht, dann schießt ihr mit entsprechend mehr pounds. Ihr könnt jetzt grob euer tatsächliches Zuggewicht berechnen.
Wenn euch das nicht genau genug ist, müsst ihr den Bogen mit einer Bogenwaage auswiegen (lassen).

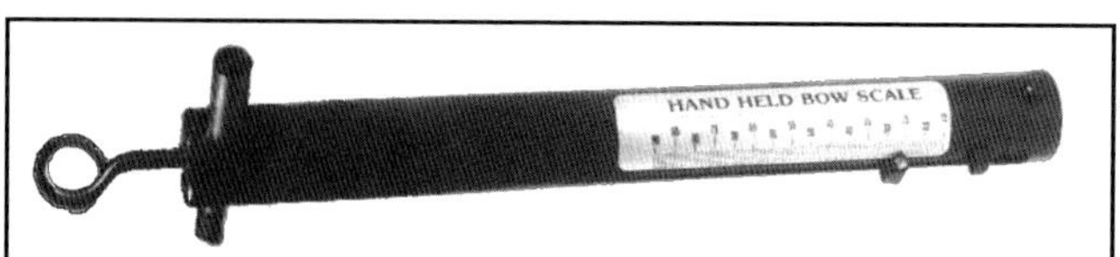

4. Pfeile besorgen

An Hand der Daten von Pfeillänge und Zuggewicht könnt ihr eure ersten Pfeile nun bestellen. Habt ihr euch für Holzschäfte entschieden, wird euch der Händler einen ungefähr passenden Schaft zuschicken.
Bei Alu-Pfeilen könnt ihr in einer Auswahltabelle für Alu-Pfeile die richtige Schaftgröße raussuchen. Diese Tabellen bekommt ihr im Fachhandel. In einer Spalte der Tabelle (seitlich) stehen die Zuggewichte, in der anderen Spalte (oben) die Pfeillängen. Der für den Einzelfall vorgeschlagene Schaft genügt in seiner Eigenschaft einem Grob-Tuning vollkommen. Mit diesen Pfeilen könnt Ihr erst mal schießen lernen.
Wichtig ist letztendlich, dass die Schäfte lang genug sind !!!

5. Nockpunkt einstellen

Ein Nockpunkt ist eine Markierung auf der Sehne, mit deren Hilfe es möglich ist, den Pfeil immer an der richtigen und gleichen Stelle einzunocken. Er ist eine Grundvoraussetzung für einen gleichmäßigen Pfeilflug.
Auch beim Nockpunkt solltet ihr euch erst mal mit einer Standard-Einstellung begnügen.
Dazu braucht ihr einen „Checker“, das ist im Grunde genommen ein Winkel, der auf die Sehne geklemmt werden kann. Den solltet ihr euch kaufen, er kostet um die 9 Euro und hält ewig (wird auch zur Kontrolle der Sehnenstandhöhe benötigt).

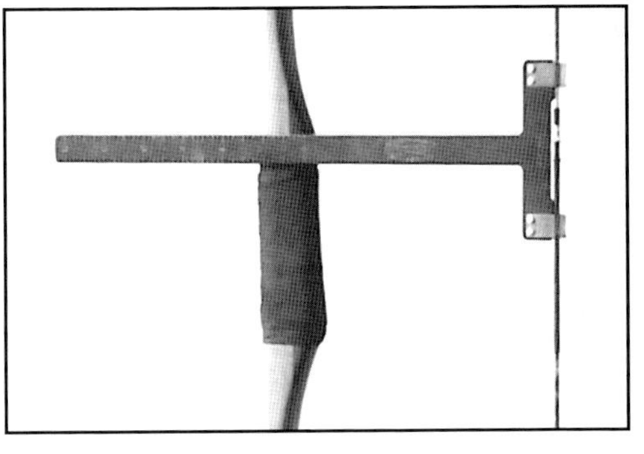

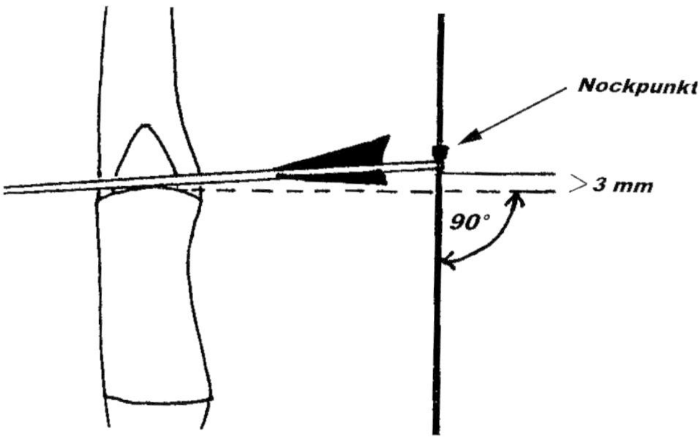

Ihr stellt, wenn ihr mit **mediteranem Griff** schießt, den Nockpunkt so ein, dass die Unterkante eures eingenockten Pfeils ungefähr 3 mm über der Linie liegt, welche über die Pfeilauflage läuft und die Sehne im 90° Winkel schneidet. Einfacher ausgedrückt: Ein aufgelegter Pfeil zeigt mit seiner Spitze leicht nach unten. (Der mediterrane Griff wird bei uns am häufigsten benutzt, für die Langbogenklasse ist er sowieso meistens vorgeschrieben.)

Schießt ihr mit einem **Drei-Finger-Unter-Griff**, dann schiebt ihr den Nockpunkt etwas höher, so ungefähr bis auf 5 mm oberhalb des rechten Winkels von Pfeilauflage und Sehne.

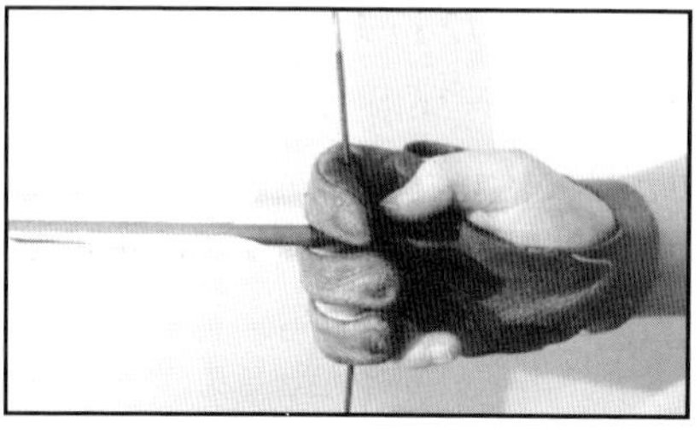

Mediterraner Griff

Drei-Finger-unter-Griff

Fein-Tuning

Jetzt sieht die Situation anders aus: Ihr schießt schon eine Weile, seid aus dem Gröbsten raus und könnt euch um die Feinheiten kümmern, da euer Schießstil schon gefestigt ist.
Ihr habt euch für einen bestimmten Bogen entschieden und sucht nun den optimalen Pfeil und die für Euch optimale Kombination der Variablen dafür.

1. Einstellen der Standhöhe

Zuerst geht es darum, die **beste** Standhöhe des Bogens zu finden.
Die Standhöhe ist nicht in großem Maß zu variieren, kleine Veränderungen haben aber doch spürbare Auswirkungen.
Zunächst stellt ihr die Standhöhe nach der angegebenen Herstellerempfehlung ein. Ist diese Empfehlung ein Einstellbereich (beispielsweise 7 1/2" - 8"), dann stellt ihr einen Mittelwert ein (hier 7 3/4"). Dazu müsst ihr aber wissen, wie der Hersteller seine Standhöhe misst, d.h. **wo** er sie misst. Manche messen von der Griffmulde bis zur Sehne, manche von der Bogenvorderkante zur Sehne. (Bei meinem Bogen wird sogar von einem Laminat des Mittelteils bis zur Sehne gemessen.)
Man muss nicht die Methode des Herstellers übernehmen, man kann seine eigenen Meßpunkte wählen, sie sollen nur eindeutige und reproduzierbare Ergebnisse liefern. Ihr braucht dazu auch nicht in Zoll zu rechnen. Wenn mein Bogen vom Zierlaminat bis zur Sehne eine Standhöhe von 6 1/2 inch haben soll, dann sind das eben für mich vom Griffdruckpunkt gemessen 16,5 cm.
Für diese Einstellung braucht ihr natürlich eine korrekte **Sehne** zum Bogen. Durch Eindrehen der Sehne kann man die Standhöhe vergrößern, dreht man eine Sehne aus, wird sie länger und die Standhöhe verringert sich.
Diese Einstellmöglichkeit ist aber begrenzt.

Sehne mit flämischem Spleiß

Man kann eine Sehne nicht unendlich stark eindrehen und man kann eine **flämisch gespleißte Sehne** nicht unendlich weit ausdrehen. Das Eindrehen hält diesen Sehnentyp nämlich zusammen, und wenn man das auflöst, zerfällt die Sehne womöglich in ihre Einzelteile.

Endlossehne

Endlossehnen kann man komplett aufdrehen bis die Stränge parallel zueinander laufen, aber wenn eine Sehne dann immer noch zu kurz ist, muss man einfach eine neue, längere machen.

Also, ihr habt oder beschafft euch eine Sehne, mit der ihr eine Standhöhe im Mittelbereich der Herstellerangabe einstellen könnt. Ihr schießt damit euren Bogen und achtet darauf, wie er sich dabei anfühlt. Dann dreht ihr die Sehne soweit ein, bis ihr an der Obergrenze der Herstellerempfehlung angelangt seid.

Wie fühlt sich der Bogen jetzt im Schuss an?
Ist er lauter, leiser, zieht er sich eventuell etwas härter und wie ist die Pfeilgeschwindigkeit? Anschließend stellt ihr den Bogen auf das untere Standhöhenmaß ein, schießt und achtet dabei wieder auf das Gefühl.

Was hat sich für Euch besser angefühlt?

Die absolut unterste Grenze der Standhöhe habt ihr erreicht, wenn der Bogen anfängt, sehr stark zu schwingen, euch die Sehne beim Abschuss auf das Handgelenk schlägt (bes. LB) oder die Wurfarme nach dem Schuss lange vibrieren (bes. RC). Wenn das passiert, solltet ihr die Standhöhe wieder etwas anheben, denn der Bogen wird durch eine solche Einstellung stark belastet, und sie dient daher nicht der langen Lebensdauer eures Schießgeräts.

Die Vorteile einer **geringen** Standhöhe sind

- eine erhöhte Pfeilgeschwindigkeit (die Beschleunigungsphase des Pfeils ist länger)
- ein etwas niedrigeres Zuggewicht (bis zu einem pound, je nach Bogen) gegenüber einer großen Standhöhe. Der Bogen zieht sich etwas weicher.

Die Vorteile einer **großen** Standhöhe sind

- ein insgesamt oft niedrigeres Abschussgeräusch (bes. RC)
- ein etwas ruhigerer Pfeilflug, da die Sehne den Pfeil früher frei gibt und er mehr Zeit hat, sich zu stabilisieren.

Hat man seine optimale Standhöhe gefunden, sollte man sich diesen Wert notieren. Entweder auf dem Checker markieren oder vielleicht durch einen zusätzlichen cresting-Ring auf einem Pfeil.

Natürlich sind die Vorteile des Einen auch gleichzeitig die Nachteile des Anderen. Beim Schießen, wie im Leben selbst, kann man nicht alles auf einmal bekommen, sondern ihr handelt euch gute Eigenschaften gleichzeitig immer mit weniger guten ein.

Aber ihr könnt abwägen und wählen. Ist das etwa nichts?

2. Pfeile: Aluminiumpfeile

Mit der Auswahltabelle für Alu-Pfeile seid ihr schon vertraut. Bei Easton gibt es auch ein Rechnerprogramm, welches nach Eingabe der relevanten Parameter den „richtigen“ Schaft ausspuckt. Es geht aber auch genauso gut zu Fuß.

Ihr solltet eure
- **Schaftlänge**
- **Zuggewicht**
- **Sehnenmaterial** (FastFlight oder Dacron)
- **Spitzengewicht**
- **Bogentyp** kennen.

Mit diesen Informationen könnt ihr mit Hilfe der Anleitung, die der Auswahltabelle beiliegt, die passenden Schaftgrößen finden. Es werden immer mehrere Schäfte für einen Anwendungsfall vorgeschlagen.

Beispiel: Ein Recurve, 50# @ 27" mit FastFlight-Sehne und 125 grain schwerer Spitze.

Vorgeschlagen sind die Größen 2212, **2213**, 2114, 2115, **2018**. Diese Nummern der Schäfte sind nicht willkürlich gewählt, sondern sie bezeichnen die Schaftdimension.

Beispiel **2018**: Die ersten beiden Zahlen, also „**20**“, beziehen sich auf den Schaftdurchmesser, gemessen in 1/64 inch. In diesem Fall beträgt der Durchmesser des Schafts **20**/64 inch (Zoll).
Die letzten Nummern beziehen sich auf die Wandstärke (der Schaft ist ja ein dünnes Rohr) des Pfeils. Sie wird in 1/1000 inch angegeben, beträgt hier demnach **18**/1000 inch.

Man kann einen Aluminiumschaft biegesteifer machen, indem man seinen Durchmesser belässt und die Wandstärke erhöht (ein 2018 ist steifer als ein 2016), oder indem man die Wandstärke konstant hält, aber den Durchmesser vergrößert (ein 2215 ist steifer als ein 2115).

Dadurch erhält man dann auch Schäfte mit gleichem Spine-Wert, aber unterschiedlichem Gewicht. Ihr habt wieder mal die Wahl zwischen einem leichten, schnellen, aber etwas nervösen Pfeil, und einem schwereren, langsameren, aber etwas fehlerverzeihenden Schaft.

Fett gedruckte Schaftgrößen geben die am häufigsten verwendeten Schaftsorten an. Außerdem ist immer noch ein Buchstabe verzeichnet, A, B, C usw.
Alle angegebenen Schäfte sollen auf dem Beispielbogen gut fliegen, aber da der Schießstil doch einen Einfluß hat, ist nicht nur ein Schaft, sondern eine ganze Palette angeboten.
Die Buchstaben bezeichnen nun den biegesteifsten Schaft mit dem Buchstaben A, den nächstweicheren mit B usw. Wisst ihr schon aus Erfahrung, dass ihr immer etwas weichere Schäfte als die anderen Bogner braucht, dann könnt ihr dem hier schon Rechnung tragen.

Ihr besorgt euch die Schäfte, die für euch in Frage kommen (von jeder Sorte vielleicht zwei / drei Stück), schneidet oder lasst sie auf Länge schneiden und bringt Spitze und Nocke an, aber noch nicht die Befiederung. Denn mit diesen Schäften führen wir das eigentliche Tuning durch, den sogenannten **Rohschafttest.** Bevor wir uns den anschauen, wenden wir uns aber noch den Holzpfeilen zu, erst danach geht es in dieser Sache weiter.

Holzpfeile

Die wichtigste materialbedingte Voraussetzung für gutes Schießen schlechthin sind gute Pfeile. Gute Pfeile sind noch viel wichtiger als ein guter Bogen, denn sie fliegen auch aus dem letzten Krüppelbogen noch schön und sauber, während ihr selbst mit einem absoluten Topbogen und verhunzten Pfeilen nicht akkurat treffen könnt.

Was sind gute Holzpfeile und wie stellt man sie her? Darüber wurden schon anderswo Bände geschrieben, und wir wollen und können das hier nicht alles wiederholen. Nur noch einmal ganz knapp:

Gute Holzpfeile sind nicht unbedingt die schön angemalten Teile, die man immer auf den Turnieren bewundern kann. Das sind womöglich kleine Kunstwerke, von kreativen Geistern geschaffen, aber deswegen müssen sie noch lange nicht gut fliegen.

Gute Holzpfeile sind:

- **gerade**
- **untereinander gleich schwer** (**xy grain ± 10 grain**)
- **von gleicher Biegesteifigkeit.**

Wenn ihr 100 Schäfte kauft, dann habt ihr damit nicht unbedingt das Material für 100 gute Pfeile. Je nachdem wie gründlich euer Lieferant vorgesiebt hat, bleiben davon am Ende vielleicht (schlimmstenfalls) nur ein Dutzend Schäfte übrig, die euren Kriterien genügen (diese Zahl habe ich mir nicht aus den Fingern gesogen).

Den Rundlauf (Geradheit) der Schäfte prüft ihr, indem ihr am Schaft entlang schaut. Das Gewicht messt ihr mit einer **Feinwaage** (Grainscale), die es auch im Fachhandel gibt (ist nicht ganz billig, zur groben Gewichtsbestimmung kann man sich mit einer Briefwaage behelfen). Zum Bestimmen des Spine-Werts müsst ihr euch einen Spine-Tester kaufen oder bauen, oder ihr vertraut dem Hersteller, der die Pfeile eingeteilt in 5 # Gruppen verkauft.

Damit euch der Händler die richtigen Schäfte schickt, solltet ihr noch ein paar Dinge mit einkalkulieren. Genau wie bei den Alu-Pfeilen auch spielt der Bogen, den ihr schießt, die Sehne, eure Pfeillänge und das Spitzengewicht eine Rolle bei der Schaftauswahl.
Schießt ihr einen geraden Langbogen, der 50 #@ 28" hat, und sind eure Pfeile 28" lang, dann bestellt ihr Schäfte mit dem Spinewert 50#, denn diese Kombination ist die Standardkombination, für welche die Spinewerteinteilung ehemals gemacht wurde.
Heute haben sich die Bogen im Design und in ihrer Leistungsfähigkeit verändert und die Tabelle gilt deshalb nicht mehr ohne Einschränkungen.

So kann man

- **für ein Zoll kürzere Pfeile 5# Zuggewicht abziehen (im Beispiel bleiben dann noch 45 #),**
- **bei längeren Pfeilen pro Zoll 5# addieren**
- **bei um 25 grain verringertem Spitzengewicht (125 grain ist Standard) rund 3 # abziehen und umgekehrt**
- **moderner deflex-reflex Langbogen: 5# addieren**
- **Recurve Bogen: 5# addieren**
- **FastFlight-Sehne: 5# addieren**
- **Selfbogen (reiner Holzbogen): 5# abziehen**

Immer, wenn das System schneller als das Standardsystem wird (durch FastFlight oder moderneres Bogendesign), muss der Schaft steifer gewählt werden. Ist es langsamer, wird er weicher bestellt.
Wir erinnern uns, dass der Schaft während des Abschusses durch seine Beschleunigung gebogen wird (Paradoxon des Bogenschießens). Je größer die Beschleunigung, um so stärker wird der Schaft den Biegekräften ausgesetzt, denen er ja im gewissen Maße widerstehen soll.

Ein schnelles System benötigt also einen steiferen Schaft, weil es den Pfeil stärker beschleunigt.

Trotzdem können die oben genannten Werte allenfalls Richtlinien sein, weil eben die menschliche Komponente doch erheblichen Einfluss auf das Flugverhalten der Pfeile hat. Sonst bräuchten wir ja auch kein individuelles Tuning.

Ihr bestellt euch also ungefähr die richtige Schaftsorte und dann noch die jeweils nächst steiferen und weicheren.
Bei Holzpfeilen solltet ihr deutlich mehr Schäfte als bei Alu-Pfeilen bestellen, da ihr sie ja noch nach Gewicht und Rundlauf sortieren müsst oder wollt. Oder ihr investiert etwas mehr und bestellt von Hand ausgewählte und feingespinte Schäfte, die einige Händler anbieten.
Ihr schneidet eure Schäfte auf die richtige Länge, klebt Nocke und Spitze auf, lasst aber auch hier die Federn noch weg. Die unbefiederten Schäfte brauchen wir zum **Rohschafttest.**

Insgesamt macht es bestimmt Sinn, sich bei der Holzschaftbestellung mit ein paar anderen Schützen zusammenzutun. Die Krummen schmeißt ihr am besten gleich in den Ofen, wenn sie sich nicht richten lassen (oder ihr verwahrt sie zum Anspleißen von abgebrochenen Schäften). Die Geraden könnt ihr dann selbst nach Gewicht und Spine sortieren und so untereinander aufteilen, dass jeder aus dem dicken Bündel einen Satz brauchbarer Pfeile erhält.

3. Rohschafttest

Euer Bogen hat die richtige Standhöhe und ihr habt nun verschieden steife, auf eure Länge zugeschnittene Pfeile zur Verfügung, die noch nicht befiedert sind. Ihr braucht auch noch eine Scheibe, in Schulterhöhe aufgehängt, die aus einem weichen, homogenen Material besteht, welches den Pfeil beim Auftreffen nicht in seiner Eindringrichtung beeinflusst. Ethafoam geht, Styropor ebenfalls, aber Strohscheiben sind nicht so gut. Eine lockere Lehmböschung ohne große Steine ist ebenfalls in Ordnung.

Der Grundgedanke des Rohschafttests ist nun folgender:

Die Federn eines Pfeils dienen zur Stabilisierung. Wenn man es schafft, sein Material so abzustimmen, dass auch ein unbefiederter Schaft ein stabiles Flugverhalten aufweist, dann wird solch ein Schaft mit Befiederung natürlich erst recht gut fliegen. Also versuchen wir, einen Schaft zu finden, der bereits ohne Federn gut aus dem Bogen rauskommt.

Nockpunktjustierung

Zunächst werden wir dem Pfeil das **Reiten** abgewöhnen, dazu müssen wir den Nockpunkt justieren.

Fangt mit der Standardeinstellung an.

Ihr schießt eure Pfeile aus einer Distanz von 5 - 15 Metern auf die Scheibe, ganz normal, so wie ihr immer schießt.

Ihr braucht dabei nicht auf den Pfeilflug achten, denn an der Art und Weise, wie die Pfeile in der Scheibe stecken, erkennt ihr, was an der Ausrüstung noch nicht stimmt.

Beim Einstellen des Nockpunkts ist es lediglich von Bedeutung, ob die Nocken der Pfeile nach unten hängen oder ob sie nach oben zeigen.

Deuten die Nocken nach **oben**, so wie hier, ist der Nockpunkt auf der Sehne **zu hoch** angebracht.

Hängen Eure Schäfte mit den Nocken nach **unten**, ist der Nockpunkt noch **zu tief** für euch und ihr müsst ihn nach oben schieben.

Es gibt aber auch das Phänomen, dass der Nockpunkt sehr viel zu tief ist und die Pfeile trotzdem in der Scheibe mit dem Nocken nach oben zeigen. Das kann eintreten, wenn man seinen Nockpunkt so einstellt, dass der genockte Pfeil (auf der Pfeilauflage liegend) mit der Spitze nach oben zeigt. Beim Abschuss wird der Pfeil dann über die Pfeilauflage „gewippt", wodurch auf der Scheibe der Eindruck entsteht, dass der Nockpunkt zu hoch sei. Achtet also darauf, diesen Effekt auszuschließen. Ihr könnt euch von einem zu hohen Nockpunkt auf die richtige Einstellung hinarbeiten. Damit schließt ihr dieses Risiko von vornherein aus.
Schießt immer erst ein paar Pfeile, anstatt sofort nach dem ersten Schuss eine Nockpunktkorrektur vorzunehmen. Wenn bei vier von fünf geschossenen Pfeilen die Nocke nach unten hängt, und das regelmäßig, dann ist der Nockpunkt zu niedrig. Den Nockpunkt selbst verschiebt ihr immer nur millimeterweise.

Welche Sorte Nockpunkt ihr benutzt, ob einen Messingring, eine Wicklung aus Zahnseide, oder was auch immer, ist völlig gleichgültig, solange er sich nicht unbemerkt verschieben kann.

Der richtige Spine

Wenn die Pfeile schön gerade in der Scheibe stecken, habt ihr euer erstes Ziel erreicht und könnt nun das Wedeln in Angriff nehmen. Auch hier gibt euch das Bild der Pfeile in der Scheibe Auskunft über den Pfeilflug.

Bei einem **zu steifen** Schaft schlägt der Pfeil **links** vom Ziel in der Scheibe ein (beim Rechtshandschützen, Linkshandschütze umgekehrt). Bei einem **zu weichen** Schaft trifft der Pfeil **rechts** vom Ziel.

Ein zu weicher Schaft biegt sich in Phase 2 des Paradoxons des Bogenschießens zu weit um den Bogen herum. Da dem Pfeil die stabilisierende Feder fehlt, die ihn ausrichten würde, behält er eine leichte Tendenz nach rechts.

Linkslage: Schäfte sind zu hart.

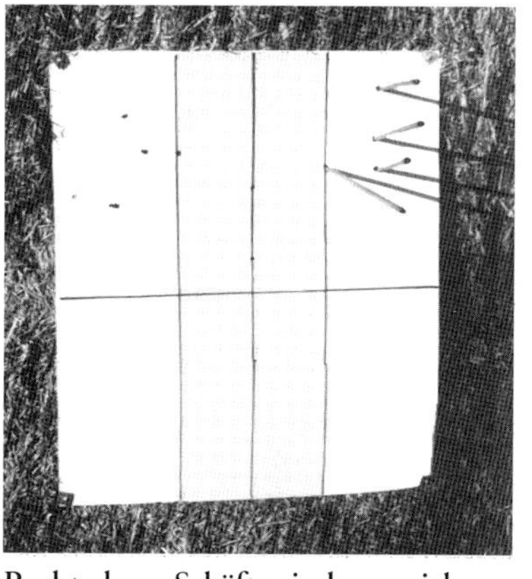

Rechtsslage: Schäfte sind zu weich.

Ihr zieht also eine vertikale Linie auf eure Scheibe und schießt zunächst aus rund fünf Meter Entfernung. Wo schlagen eure Pfeile ein, links oder rechts der Linie? Dann geht ihr in drei-Meter-Etappen zurück, damit ihr tatsächlich ausschließen könnt, dass der Pfeil nicht gerade in der Gegenschwingung ist (Paradoxon), wenn er auf die Scheibe trifft. Zum Vergleich könnt ihr auch noch eine Gruppe befiederter Pfeile schießen und beobachten, wo die unbefiederten Schäfte im Vergleich zu den befiederten auftreffen.

Achtung Ausnahme !

Von der Regel, dass bei einem RH-Schützen zu weiche Schäfte nach rechts abweichen und zu harte nach links abweichen, gibt es eine Ausnahme:
wenn man einen Bogen mit einem sehr geringen Eigengewicht (Masse) schießt, können zu steife Schäfte nach rechts abweichen !

Das hat folgenden Grund: in Phase 1 des Paradoxons (siehe Seite 17) berührt der Schaft (vor allem wenn dieser zu steif ist) den Bogen. Der Bogen erhält dabei einen Impuls nach rechts, der Schaft nach links. Hat der Bogen nun ein hohes Eigengewicht, verharrt er relativ träge in seiner Position und der (zu steife) Pfeil geht entsprechend nach links weg. Ist der Bogen aber federleicht (ein leichter Holzbogen oder ein koreanischer Reiterbogen beispielsweise) drückt der Schaft den Bogen mehr zu Seite (nach rechts) als umgekehrt. Die ganze Flugbahn des Pfeils wird damit nach rechts verschoben. Würde man einen solchen Bogen mit einem Bogenköcher ausstatten, läge die Trefferlage wieder links.
Deshalb muss man bei einem Bogenköcher eventuell ja auch auf einen weicheren Schaft zurückgreifen. Achtet bei einem solchen Bogen vielleicht darauf, ob ihr beim Abschuss einen deutlich spürbaren Schlag im Handgelenk / Bogenarm nach rechts fühlt, dann könnten eure Pfeile zu steif sein.

Bestätigt wurde diese Theorie durch die Erfahrung, dass man unglaublich weiche Pfeile braucht, wenn man Bogen in Schießvorrichtungen / Halteapparate einspannt. So ein Halteapparat gibt eben seitlich nicht nach. Schießt man von diesem arretierten Bogen die -normalerweise- passenden Schäfte, gehen diese drastisch nach links weg, sind also zu steif.

Untenstehende verfeinerte Abbildung des Paradoxons verdeutlicht diesen Vorgang (aus „Achery: Steps to success“ von Haywood und Lewis, Leisure Press, USA 1989, Seite 176)

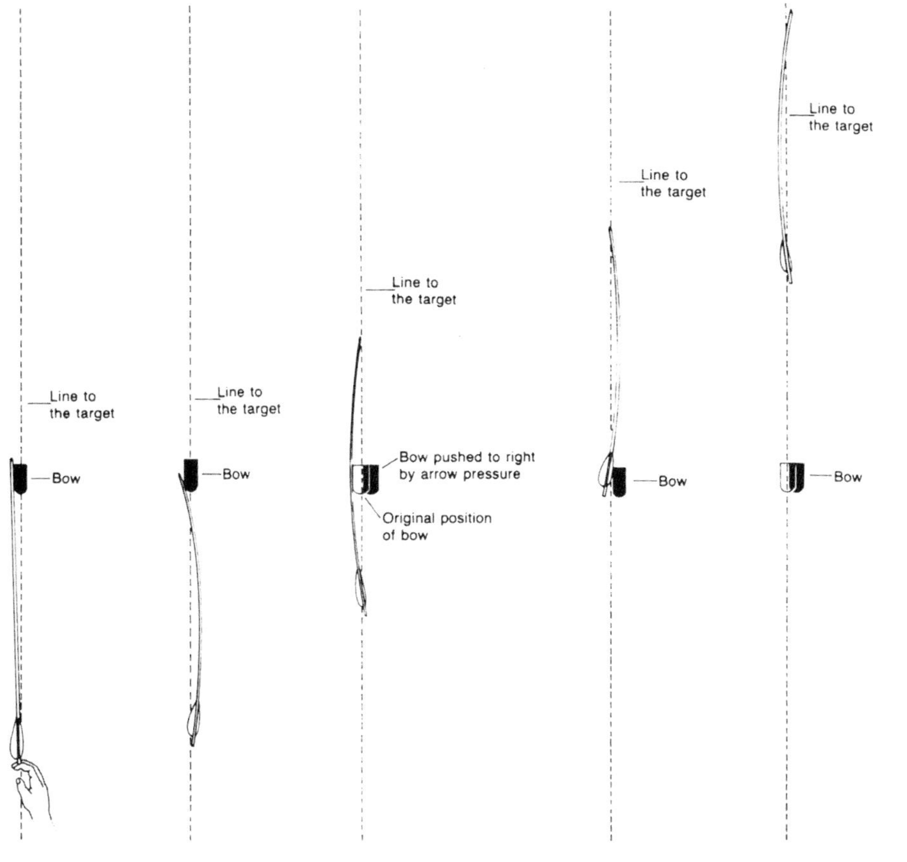

4. Rohschafttest II

Man kann den Rohschafttest auch noch auf eine andere Art machen. Dazu braucht man zunächst nur eine Sorte Schaft (Vorteil !) und nicht unterschiedlich gespinte Pfeile.
Man nimmt einen Schaft, dessen Biegesteifigkeit ungefähr hinkommt, und schneidet diesen Schaft nicht auf Länge, sondern lässt ihn erst mal so lang wie er ist (meist 31"). Wie sonst auch, bringt ihr Nock und Spitze an und macht die Nockpunkt-einstellung. Da der Schaft sehr lang ist, wird er vermutlich etwas zu weich reagieren.

➔ **Ist er bereits im ungekürzten Zustand zu steif, muss man den nächst weicheren Schaft nehmen.**

➔ **Ist er aber zu weich, sägt man ihn ein kurzes (!) Stück ab.**

Dadurch reagiert der Schaft biegesteifer („härter"). Sägt aber nicht zu viel auf einmal ab. Lieber öfter einige mm ablängen als einmal gleich zwei cm.

Ein langer gerader Stab (und nichts anderes ist ein Pfeil) biegt sich unter einer Kraft stärker durch, als ein ansonsten identischer, aber kürzerer gerader Stab. Deshalb wird ein Pfeil immer steifer reagieren, je kürzer er ist. Stückweise schneidet man diesen Rohschaft nun immer weiter ab, bis er schließlich sauber fliegt. Unterschreitet die Schaftlänge in diesem Prozess eure Auszugslänge, ist der Schaft insgesamt zu weich und ihr greift auf den nächst härteren Pfeil (Spine-Wert) zurück.
Nachteil dieser Methode ist der Arbeitsaufwand des ständigen Absägens und Aufklebens der Spitze. (Schraubspitzen sind hierbei von Vorteil !) Manche sagen aber, dass diese Methode genauer ist, weil sich die Biegesteifigkeit feiner regulieren lässt.

Beide Methoden haben aber ihre Berechtigung, und ihr könnt ausprobieren, welche für euch die besten Ergebnisse liefert.

➳ **Gut abgestimmte Rohschäfte können auch noch auf über 25 m gerade fliegen !**

Man kann bei guten Lichtbedingungen den Flug der Pfeile auch von schräg hinten mit einer Videokamera in Zeitlupe aufnehmen und so zu dem besten Schaft finden. Vielleicht sieht euch ein Freund auch von hinten beim Schießen über die Schulter und kann euch sagen, welcher Rohschaft am ruhigsten in der Luft liegt. Ihr selbst werdet die Pfeile kaum beobachten können, da ihr euch ausschließlich auf das gleichmäßige und saubere Schießen konzentrieren sollt. Wenn ihr stattdessen dem Pfeil hinterherschaut, leidet euer Schießen zu sehr.

Ein zu weicher Schaft flattert hochfrequent im Flug. Es sieht aus, als wäre er aus einem ganz weichen Gummi, schwabbelig. Ein zu steifer Schaft macht viel langsamere Rührbewegungen.

Habt ihr den richtigen Schaft für euch gefunden, nehmt ihr evtl. nochmals eine Nockpunktfeinjustage vor, korrigiert also noch einmal die Vertikalbewegung des Pfeils. Jetzt müssten eure Rohschäfte gut und glatt aus eurem Bogen kommen, zumindest solange, wie ihr nicht etwas an eurem Schießstil oder an eurer Ausrüstung ändert.
Denn dann beginnt das Spiel von vorne.

5. Papiertest

Der Papiertest ist eine Alternative zum Rohschafttest. Er wird mit einem befiederten Schaft durchgeführt.

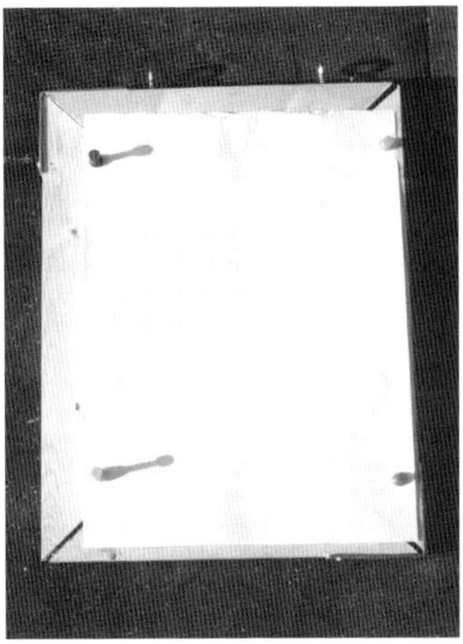

Ausführung: Ihr baut euch einen kleinen Rahmen aus Holzlatten, so groß, dass ihr darauf ein DIN A4 Blatt mit Reißzwecken festheften könnt. Natürlich kann der Rahmen auch größer sein, diese Größe reicht aber aus.

Diesen Rahmen hängt ihr dann in Augenhöhe vor eine Scheibe oder einen Pfeilfang. Ihr schießt aus einer Distanz von ca. 2-3 Schritt durch das Papier auf den Pfeilfang. Ihr wählt diese kurze Distanz deshalb, damit die Befiederung keine Zeit hat, den Pfeil zu stabilisieren.

An den Löchern, die euer Pfeil in das Papier stanzt, könnt ihr Nockpunkt und Biegesteifigkeit des Pfeils erkennen. Denn das Loch, welches die Pfeilspitze schlägt, lässt sich leicht von den Rissen, die die Befiederung macht, unterscheiden.

Nockpunkteinstellung

Die Spitze soll **zentrisch** in der Befiederung abzeichnen.

- Sind die Befiederungsrisse höher als das Spitzenloch, ist der Nockpunkt zu hoch.

- Liegen die Befiederungsrisse unterhalb des Loches, ist der **Nockpunkt zu niedrig.**

Spine-Wert

Auch hier soll die Befiederung rund um den zentralen Spitzendurchschlag liegen.

Für einen **RH**-Bogen gilt:

- Zeichnet sich die Befiederung rechts von der Spitze ab, ist der **Schaft zu steif**. (Denn der steife Schaft geht, mit der Spitze vorneweg, nach links ab, er hat im Paradoxon zu wenig Durchbiegung.)
- Zeichnet die Befiederung sich links ab, ist der Schaft zu weich.

Für einen **LH**-Bogen gilt das Umgekehrte:

- Befiederung rechts der Spitze: **Schaft ist zu weich**
- Befiederung links der Spitze: Schaft ist zu steif

Vergleich Rohschafttest / Papiertest

Vorteile des Papiertests:

- Die kurze Distanz erlaubt den Test bei Platzmangel auch zu Hause.
- Ihr könnt einen fertigen Pfeil nehmen, der Test ist mit der aktuellen Ausrüstung jederzeit durchführbar.
- Gerade bei Plastikfedern könnt ihr kontrollieren, ob die Befiederung sauber an der Pfeilauflage vorbeikommt, das geht mit dem Rohschafttest nicht.

Vorteile des Rohschafttests:

- Ihr habt die Möglichkeit, mit mehr Zeit und auf längerer Distanz den Pfeilflug zu beobachten.
- Ihr habt zusätzlich die Info, wo und wie die Pfeile in der Scheibe stecken.
- Die Auswirkungen eines fehlerhaften Nockpunkts / Spines zeigen sich bei längerer Distanz deutlicher als im Papiertest auf 2-3 Schritt.

Kapitel 3

Einflussgrößen des Pfeils

Wie wichtig der Pfeil ist, und was man alles mit ihm machen kann, um ihn anzupassen, habt ihr schon im vorangegangenen Kapitel teilweise erfahren. Hier wollen wir noch etwas näher auf den Pfeil eingehen. Genaugenommen wirkt sich nämlich fast jede Änderung am Pfeil auf seinen Flug aus, und das wiederum gibt uns auch die Möglichkeit und Chance, auf den Pfeilflug Einfluss zu nehmen. Nichts anderes ist Tunen.

Folgende Pfeilparameter sind zu beachten:

- **Pfeillänge**
- **Spine-Wert**
- **Spitzengewicht (Biegesteifigkeit und Trimmung)**
- **Spitzenform**
- **Schaftform (tapered oder barrelled)**
- **Befiederung (Länge, Form, Windung, Farbe)**
- **Nockpassung**
- **Schaftmaterial**
- **Schaftgewicht**

Pfeillänge

Das haben wir schon im vorhergehenden Kapitel erläutert. Hier nur noch mal zur Vollständigkeit: Bei gegebenem Spine-Wert reagiert ein längerer Schaft biegeweicher als ein kürzerer Schaft.

Spinewert

Mit der Bedeutung des Spinewerts seid ihr ebenfalls schon vertraut (siehe Seite 14-15). Je stärker ein Bogen, desto steifer müssen die Pfeile dazu sein.

Spitzengewicht

Hier landen wir wieder beim Paradoxon des Bogenschießens. Der ruhende Pfeil wird von der Sehne beschleunigt. Er biegt sich, bedingt durch sein Bestreben, im momentanen Bewegungszustand (der Ruhe) zu verharren. Wenn am vorderen Ende des Schaftes jetzt auch noch ein Gewicht angebracht wird (in diesem Betrachtungsfall ist die Spitze als Gewicht zu sehen), biegt sich der Schaft noch stärker durch, weil das Gewicht der Spitze mitbeschleunigt werden muss.

Je schwerer die Spitze ist, um so weicher / biegsamer wird der Schaft reagieren.

Das Spitzengewicht hat aber zusätzlich auch noch einen Einfluss auf die Flugphase des Pfeils, denn es wirkt sich auf die Trimmung des Pfeils aus.
Ein Pfeil hat nur dann eine stabile Flugphase, wenn er etwas kopflastig ist. Wäre er hinten genauso schwer wie vorne, läge sein Schwerpunkt also in seiner geometrischen Mitte, würde er auf der Luft „aufschwimmen“ und damit aus seiner Flugbahn driften. Beim Speerwurf ist das erwünscht, es bringt nämlich etwas zusätzliche Weite, den Speer „auf die Luft zu legen“, beim Bogenschießen ist es aber unerwünscht. Die Kopflastigkeit eines Pfeils wird in Prozent angegeben und man kann sie durch das Spitzengewicht verändern. Eine 7% Spitze verlagert beispielsweise den Schwerpunkt des Pfeils 7% nach vorne, vor seine geometrische Mitte. Als Faustregel gilt, daß Pfeile ab 6 % einen stabilen Flug aufweisen. Eine 125 grain Spitze verlagert den Schwerpunkt um ungefähr 10 - 12 % nach vorne, je nach Schaft, Nocke und Befiederung.

Vereinfachend gesagt, verleiht eine schwere Spitze dem Pfeil einen etwas ruhigeren Flug, dafür fliegt er aber auch kürzer.

Zum Spitzengewicht zählen (falls verwendet) auch alle Arten von Adaptern dazu.

Spitzenform

Die gängigen Spitzenformen haben, abgesehen von den unterschiedlichen Spitzengewichten, keinen Einfluss auf das Tuning. Ob ihr eine Scheiben- oder Feldspitze schießt, einen Blunt oder eine der neuen 3-D-Spitzen, ist gleichgültig. Ihr werdet keinen Unterschied im Flugverhalten eurer Pfeile feststellen können.

Anders bei broadheads (Jagdspitzen). Ihr dürft sie auf normalen Turnieren nicht benutzen (sie ruinieren die Scheiben), wir werden sie hier deswegen auch nicht in aller Ausführlichkeit beschreiben, sondern dieses Thema lediglich anreißen. Die Schneiden von broadheads können je nach Bauart eine unerwünschte Leitwerk-Funktion ausüben. Der Pfeil wird dann nicht mehr nur hinten von den Federn gelenkt, sondern die Spitze entwickelt ein Eigenlenkverhalten. Da der Pfeil nach dem Abschuss noch nachschwingt, die Spitze in diesem Moment schräg zur Flugrichtung steht, wird der Pfeil aus seiner Bahn geleitet. Er driftet regelrecht ab.

Je kürzer und breiter ein broadhead ist, um so extremer werden seine Lenkeigenschaften. Lange und schlanke Designs haben diese Probleme in weit geringerem Maße. Das Problem der Frontlenkung tritt auch bei Seitenwind deutlich auf.

Wenn ihr broadheads schießen wollt oder müsst (Jagd), sind natürlich viele Aspekte zu beachten, nicht nur die des Tunens. Von diesem Standpunkt aus empfiehlt sich aber ein schlank geschnittener broadhead, der mit einer relativ großen und vielleicht auch gewundenen Befiederung gut stabilisiert wird. Damit solltet ihr dann keine / wenige Probleme haben.

Schaftform

Es gibt drei Sorten (bei Holzpfeilen) von unterschiedlichen Schaftformen:

- **parallele Schäfte**
- **getaperte Schäfte (konisch, einseitig verjüngt)**
- **gebarrelte Schäfte (doppelt konisch)**

Parallele Schäfte haben von vorne bis hinten durchgängig den gleichen Durchmesser.

Getaperte Schäfte verjüngen sich zum Nock hin auf den letzten 15 bis 20 Zentimetern.

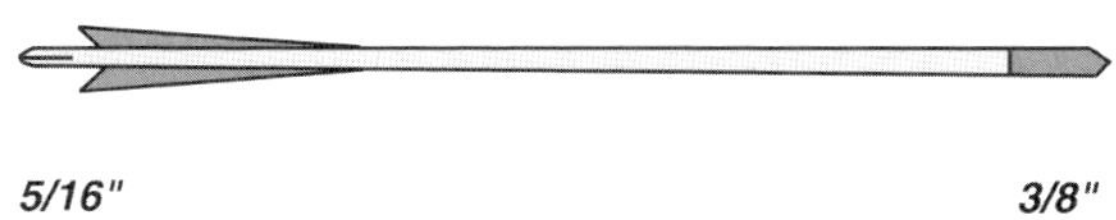

Gebarrelte Schäfte sind in der Mitte am dicksten und verjüngen sich zum Nock und zur Spitze hin.

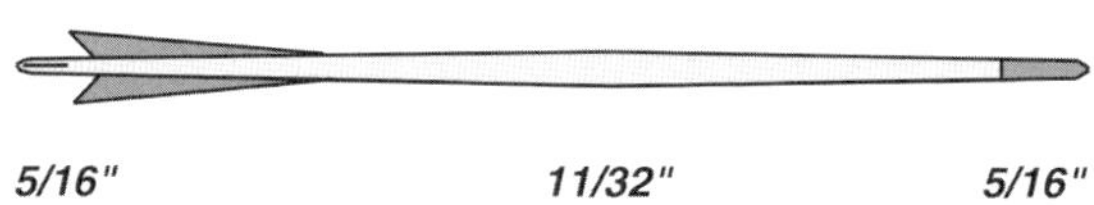

Vorteil der Verjüngung ist die geringere Masse des Pfeils an seinen Enden. Vom Paradoxon des Bogenschießens her wissen wir, dass der Pfeil auch nach dem Verlassen des Bogens noch hin und her schwingt. Getaperte und gebarrelte Schäfte schwingen aber (weil die schwingenden Enden leichter sind, weniger Masse haben) nicht so lange nach wie parallele Schäfte gleichen Spine-Werts.

Vielleicht probiert ihr sie mal bei einem echten Tuningproblem. Sie beruhigen sich schneller im Flug. Hinzu kommt noch der aerodynamische Aspekt, der uns beim Tuning aber nicht weiter zu interessieren braucht. Konische Schäfte sind windschlüpfriger als parallele und fliegen deshalb weiter.

Wir müssen nicht betonen, dass sie auch teurer sind, oder?

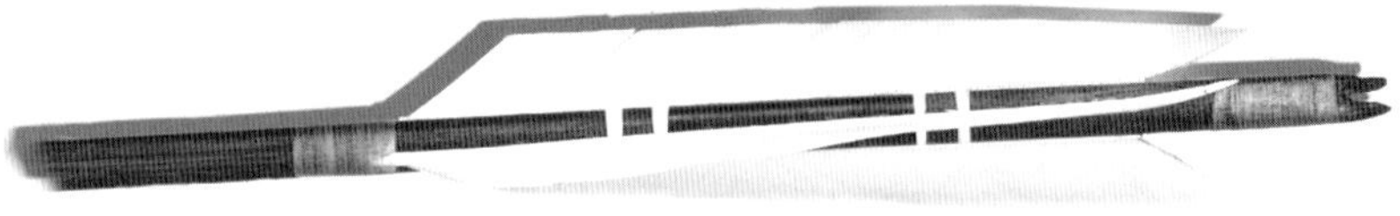

Befiederung

Beim Tunen ist sie äußerst wichtig, mit das Wichtigste überhaupt.

Die Federn stabilisieren letztendlich den Pfeil. Auch ein weniger gut zum Bogen passender Pfeil wird mit einer ordentlichen Befiederung immer noch ruhig fliegen. Der Grund dieser Stabilisierung liegt darin, dass eine Befiederung schlichtweg bremst. Der Pfeil hat hinten, wo die Federn angeklebt sind, einen höheren Luftwiderstand als am übrigen Schaft. Das sorgt dafür, dass das hintere Ende da bleibt, wo es hingehört, hinten nämlich. Je mehr die Federn bremsen, um so stärker wird der Pfeil ausgerichtet. Er verliert aber auch schneller seine Anfangsgeschwindigeit. (Ein Pferdefuß musste ja dabei sein.)

Aus dieser Überlegung heraus könnt ihr jetzt selbst ableiten, dass große Federn (hohe oder lange Federn), mehrere Federn (vier / sechs anstatt drei) und schräg aufgeklebte Federn besser stabilisieren als kleine, wenige und gerade aufgeklebte Federn.

Durch das schräge Aufbringen des Leitwerks erreicht man auch noch einen anderen Effekt: Der Pfeil dreht sich dadurch im Flug, er rotiert um seine Längsachse. Rotieren Körper um ihre Längsachse, so fliegen sie stabiler als nicht rotierende Körper. Gewehrkugeln und Satelliten drehen sich aus diesem Grund auch um ihre Längsachsen.

Man kann seine Federn auch mit speziellen Klammern des Befiederungsgeräts „gewunden" aufkleben. Bei dieser Befiederung winden sich die Federn tatsächlich um ein paar Grad um den Schaft, was einen sehr stabilen Pfeilflug ergibt. Natürlich bremst diese Befiederungstechnik auch stärker als gerade aufgebrachte Federn.

Es wird zwar Wurfweite und Pfeilgeschwindigkeit kosten, aber ihr könnt mit einer ordentlich großen Befiederung auch unter schweren Bedingungen einen guten Pfeilflug hinkriegen. Sehr große Federn sind allerdings recht seitenwindempfindlich.

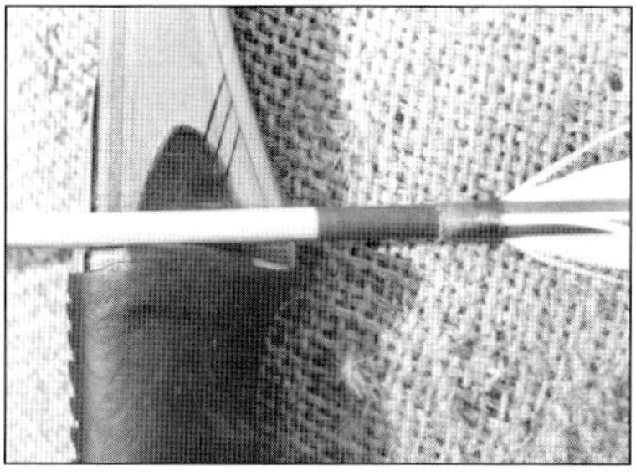

Schießen vom shelf

Wenn ihr eure Pfeile vom Bogen-shelf, also von der festen und unnachgiebigen Auflagefläche eures Bogens schießen wollt, dann seid ihr auf **Naturfedern** angewiesen (natürlich auch dann, wenn die Pfeile vom Finger geschossen werden) Diese Federn legen sich an den Schaft, wenn der Pfeil das Bogenfenster passiert, und richten sich danach wieder auf. Eine Plastikfeder ist nicht so elastisch. Sie würde den Bogen streifen und dem Pfeil damit einen Schlag versetzen. Der Pfeil braucht danach sehr lange, um sich wieder auszurichten und ruhig zu fliegen. Recurve Bogen: Fällt eure Wahl auf Plastikfedern, müsst ihr deshalb gleichzeitig auch eine Pfeilauflage verwenden. Sie verhindert einen Kontakt von Plastikfahne und Bogen.
Reitet / wedelt euer Pfeil, kontrolliert ihr am besten auch einmal, ob die Plastikfahne tatsächlich ohne Kontakt an der Pfeilauflage vorbeikommt. Dazu streicht ihr Lippenstift auf die Fahne und schaut nach dem Schuss, ob etwas davon auf der Pfeilauflage zu finden ist.

Letztendlich kann sogar die **Federfarbe** beim Tunen eine Rolle spielen:
Benutzt man unterschiedliche Federfarben, kann es so aussehen, als ob der Pfeil im Flug trudeln würde, obwohl er tatsächlich einwandfrei fliegt. Das ist eine Art optischer Täuschung, die entsteht, wenn ihr zwei dunkle und eine helle Feder verwendet.

Der Pfeil dreht sich im Flug um seine Längsachse und euer Auge fixiert die helle Feder als Mittelpunkt des Schafts. Tatsächlich ist der Nock der Mittelpunkt. Wenn ihr einen hellen Nock verwendet und Euch auf diesen konzentriert, solltet ihr aber das tatsächliche Flugverhalten erkennen können. Noch besser sichtbar sind natürlich drei gleiche helle Federn.

Nockpassung

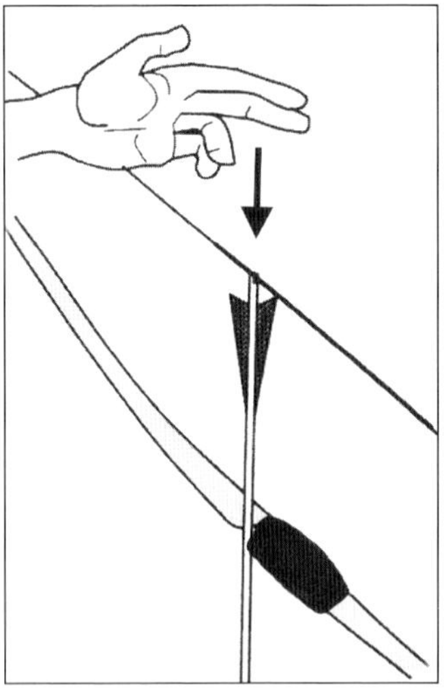

Auch der Sitz der Nocke auf der Sehne kann den Pfeilflug beeinflussen.

Sitzen die Nocken zu stramm, kann der Pfeil zum Trudeln neigen, weil er beim Abschuss nicht leicht genug von der Sehne gleitet.
Nocken sollen deshalb nur leicht auf der Sehne klemmen.
Sie sitzen dann gut, wenn ein genockter Pfeil, der mit seiner Spitze nach unten hängt, durch einen leichten Schlag mit zwei Fingern auf die Sehne zu Boden fällt.

Nocken brauchen eigentlich bei mediterranem Griff gar nicht auf der Sehne zu klemmen. Man kann den Pfeil auch mit den Fingern nach hinten ziehen. Nachteil: dadurch sind auch schon eine Reihe von „Leerschüssen" verursacht worden. (Leerschuss: Der Bogen wird mit vollausgezogener Sehne gelöst, ohne dass ein Pfeil geschossen wird, so etwas kann den Bogen ruinieren.)
Außerdem besteht die Gefahr, dass man den Pfeil mit den Fingern einklemmt, was ebenfalls den Pfeilflug negativ beeinflussen kann.

Schaftmaterial

Die verschiedenen Holzsorten haben natürlich auch unterschiedliche Eigenschaften, aber uns geht es hier eigentlich um den Unterschied von Holz und Alu.
Als Faserwerkstoff hat **Holz** (genau wie Glasfaser und Carbon) eine höhere Eigendämpfung als **Aluminium.**
Wieder mal das Paradoxon des Bogenschießens: Der Pfeil schwingt, angeregt durch seine Verbiegung in der Beschleunigungsphase, nach dem Abschuss immer noch um seine Hochachse. Zum einen wirkt die Befiederung jetzt stabilisierend, zum anderen nimmt die Schwingung durch innere Reibung im Schaftmaterial ab.
Beim Holzpfeil ist dieser Effekt größer als beim Aluminiumpfeil (Eigendämpfung). Er fliegt eher ruhig und braucht nicht so viel Stabilisierung durch die Befiederung. Und diese Stabilisierung kostet, wie wir wissen, immer Kraft.
Deshalb kann ein Holzpfeil, der gut ausgesucht ist und zum Bogen passt, bezüglich Pfeilflug und Geschwindigkeit einem Alu-Pfeil auch überlegen sein.

Schaftgewicht / Pfeilgewicht

Ein **schwerer** Pfeil wird immer die Tendenz zeigen, ruhiger zu fliegen als ein **leichter** Pfeil. Schwere Schäfte reagieren auf etwaige Abschussfehler träger als leichte Schäfte. Ein „Wackler“ wird sich deswegen nicht so stark bemerkbar machen wie bei leichteren Pfeilen.
Natürlich sind erstere auch langsamer und weisen eine gekrümmtere Flugbahn auf. Das wiederum macht es etwas schwieriger, den Abschusswinkel für größere Entfernungen genau einzuhalten. Ihr müsst in diesem Punkt selbst euer goldenes Mittelmaß finden.
Ist eure Form sehr glatt und rund, könnt ihr vielleicht leichtere Schäfte schießen als euer Nachbar, der mehr an der Sehne zupft und mit einem schwereren Schaft besser fährt.

Kapitel 4

Einflussgrößen der Sehne

An die Sehne denken viele Schützen eigentlich gar nicht. Sie wird als „vorhanden“ zur Kenntnis genommen, und damit hat es sich auch schon.
Durch Veränderung der Sehne kann man aber auch Einfluss auf die Materialabstimmung nehmen, und zwar über die Einstellung der Standhöhe hinaus, die wir ja schon angesprochen haben. Dabei geht es immer um das zentrale Thema, wieviel von der Bogenenergie durch die Sehne auf den Pfeil übertragen wird. Eine langsame Sehne überträgt weniger Energie als eine schnelle und braucht deshalb einen weicheren Schaft. Eine schnelle Sehne verlangt nach einem steiferen Pfeil.
Die Sehnengeschwindigkeit lässt sich durch folgende Parameter beeinflussen:

Material

In den letzten Jahren ist eine Reihe neuer Sehnengarne auf den Markt gekommen, und diese neuen Garne wurden zwischendurch auch immer wieder weiterentwickelt. Früher war das „**B 50**“ (Dacron) das Standardgarn schlechthin. Auch heute wird es noch viel benutzt, es setzten sich aber auch immer stärker die Garne durch, die eine geringere Dehnung und eine höhere Bruchfestigkeit als B 50 aufweisen. Es gibt sie von verschiedenen Herstellern unter verschiedenen Namen, wir verwenden hier als Oberbegriff den Namen „Fast Flight“, unter dem sie am geläufigsten sind, obwohl Fast Flight eigentlich ein bestimmtes Garn einer bestimmten Firma ist.
Fast Flight-Sehnen können bei gleicher Reißfestigkeit auch dünner und damit leichter sein als vergleichbare Dacron-Sehnen. Das trägt zusammen mit der geringeren Dehnung zur höheren Pfeilgeschwindigkeit bei. Das System Bogen & Sehne arbeitet effektiver, der Pfeil wird also, obwohl der Bogen nicht an Zugkraft gewinnt, stärker beschleunigt. Das heißt, der Schaft muss steifer gewählt werden, als das bei Benutzung einer B 50-Sehne der Fall wäre.

Beispiel: Angenommen, ihr hättet Pfeile, die etwas zu weich wären, wolltet sie aber trotzdem schießen und habt bislang eine Fast Flight-Sehne benutzt. Dann könntet ihr auf eine B 50-Sehne umsteigen, und die Pfeile würden dann passen, weil der Bogen "langsamer" werfen würde.

Durch die höhere Zugfestigkeit von Fast Flight gegenüber des B 50 ergeben sich noch andere Möglichkeiten: Mit Fast Flight kann man bei gleicher Reissfestigkeit eine dünnere Sehne machen als mit B 50.
Eine dünnere Sehne ist auch eine leichtere Sehne, und das gibt nochmal mehr Energie für den Pfeil. Der oben angesprochene Effekt wird noch verstärkt.
In dem Fall errechnet ihr unter Berücksichtigung der gegebenen Sehnenreissfestigkeit, wie dünn eure Sehne aus dem neuen Material werden darf.

Aber Achtung: Fast Flight dehnt sich nur geringfügig (das ist ja seine besondere Eigenschaft). Die Wurfarme werden in ihrer Vorwärtsbewegung abrupter gestoppt als das mit B 50 der Fall wäre. Wenn die Bogennocken auf diese zusätzliche Beanspruchung nicht ausgelegt sind, können sie beim Schießen abbrechen, bzw. die Sehne kann den Wurfarm spalten. Nicht jeder Bogen ist auf Fast Flight ausgelegt. Fragt euren Bogenbauer, ob er für Fast Flight grünes Licht gibt. Ansonsten verzichtet ihr lieber darauf!
Die höheren Pfeilgeschwindigkeiten mit Fast Flight erkauft man sich außerdem auch mit einer besonderen Feinvibration, die diesem Garn eigen ist. Im Abschuss kann man ein leichtes Kribbeln im Bogen fühlen, dass beim B 50 fehlt. Manche Schützen mögen das nicht, ihr müsst es für euch selbst ausprobieren.

Strangzahl

Ihr könnt bei Verwendung eines bestimmten Garns immer noch unterschiedlich dicke und schwere Sehnen herstellen.

Schwere, dicke Sehnen erfordern dann **weichere Schäfte** und umgekehrt, Prinzip wie oben erläutert. Ihr dürft dabei die Sehne nicht beliebig dünn machen, sonst kann sie reißen oder in die Sehnenkerben einschneiden, und ihr lauft Gefahr, euch den Bogen zu ruinieren.

Dem Sehnengarn liegt (manchmal) eine Zuggewicht / Strangzahl-Tabelle bei. Damit könnt ihr die Mindeststrangzahl eurer Sehne ermitteln. Ist diese Tabelle nicht in der Packung, gelten folgende Angaben, die aber nur als **Richtwerte für Dacron B 50** zu verstehen sind:

Zuggewicht Bogen in # (lbs)	Strangzahl
bis 30	8
bis 35	10
bis 45	12
bis 55	14
bis 80	16

Bauart

Hauptsächlich werden in unseren Gefilden die sogenannten **Endlossehnen** und die **Flämischen Sehnen** geschossen.

Endlossehnen dehnen sich auf Grund ihrer Konstruktion (Stränge liegen paralleler) nicht so stark wie Flämische Sehnen. Sie sind daher etwas schneller, meist aber auch lauter im Abschuss. Bezüglich der Auswirkung auf den Spinewert der Pfeile gilt das gleiche wie schon oben gesagt. Der Unterschied zwischen den beiden Sehnentypen ist aber nicht so gravierend.

Dämpfer

Geräuschdämpfer machen eine Sehne schwerer und langsamer. Was glaubt Ihr wohl, wie sich das auf die Biegesteifigkeit Eurer Pfeile auswirkt? (Wir brauchen das jetzt nicht noch einmal wiederholen oder?) Aber auch hier sind die Auswirkungen nicht so gravierend.

Sehne mit flämisch gespleißtem Öhrchen oben und sog. Bogenbauerknoten unten

---

Siehe auch :

- Traditionell Bogenschiessen Heft Nr. 16 (April 2000), Seite 40-41: „Sehnengarne heute - etwas Licht im Dschungel“
- Traditionell Bogenschiessen Heft Nr. 21, III/2001, Seite 60-63: „Selbst gemacht - Eine Endlos-Sehne“
- Traditionell Bogenschiessen Heft Nr. 22, IV/2001, Seite 40-44: „Selbst gemacht - Eine einfache Sehne mit flämischem Spleiß“
- Traditionell Bogenschiessen Heft Nr. 23, I/2002, Seite 40-41: „Eine flämisch gespleißte Sehne mit zwei Öhrchen“
- Hillary Greenland, Praktisches Handbuch für Traditionelle Bogenschützen, Seite 56-64: „Sehnen“

Kapitel 5

Einflussgrößen des Bogens

Wir haben am Anfang euren Bogen als gegeben vorausgesetzt. Das ist wohl auch der Normalfall, dass man einen Bogen hat, und sich dann die passenden Pfeile dazu sucht. Vielleicht stellt ihr beim Kauf des nächsten Bogens aber ein paar Überlegungen zur Charakteristik eures Schießgeräts an. Deswegen dieses Kapitel.

Wir haben allerdings noch nie jemanden getroffen, der sich einen bestimmten Bogen gekauft / gebaut hätte, weil er sich besonders gut tunen lässt. Oder doch? Da war doch noch die Sache mit dem Bogenfenster, dem Mittenschnitt ... und dann noch das mit der Pfeilauflage.

Mittenschnitt

Wenn ihr euren Bogen aufspannt und von hinten über die Sehne peilt, könnt ihr sehen, wie weit euer Bogen „auf Mitte geschnitten" ist.

Dazu haltet ihr ihn so, dass die Sehne die Wurfarme genau mittig teilt. Jetzt achtet darauf, wie weit die Sehne seitlich vom **Anlagepunkt** (nicht Auflagepunkt)[1] des Pfeils am Bogenfenster entfernt ist.

Bei einem auf Mitte / Center geschnittenen Bogen läuft die Sehne genau an der Kante es Bogenfensters entlang. Bei einem RH-Recurve zeigt ein aufgelegter Pfeil also nur wenig mit der Spitze nach links. Bei Recurves ist das oft der Fall, da sie ein ausgeprägtes Fenster besitzen.

1 Auflagepunkt ist das, wo der Pfeil **drauf** liegt, Anlagepunkt das, wo er seitlich **anliegt.**

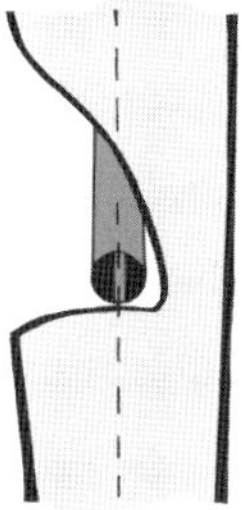

Manche Bogen sind sogar über Center gearbeitet, so dass die Sehne genau hinter dem Pfeil steht, der aufgelegte Pfeil also nicht nach links (bei einem Rechtshandbogen) deutet.

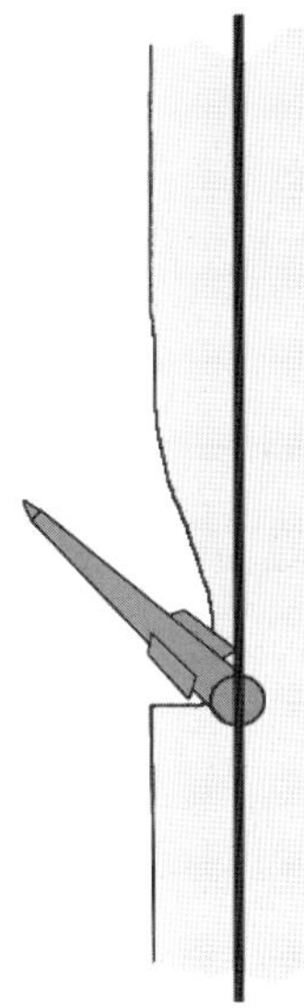

Langbogen haben meist eine weniger tief eingeschnittene Pfeilauflage. Der Punkt der Pfeilanlage ist hier ungefähr 3 mm von der Mittellinie des Bogens entfernt. Der Pfeil deutet dadurch (beim RH-Bogen) relativ weit nach links.

Holzbogen (Selfbogen), englische Langbogen und Primitve Bogen haben in der Regel kein ausgeschnittenes Fenster und meist auch keine Pfeilauflage. Der Pfeil deutet am weitesten nach links.

Was ist nun der Effekt eines Mittenschnitts?

Der Pfeil muss sich beim Abschuss, da er mehr Platz hat, nicht um die halbe Bogenbreite herumwinden (Paradoxon des Bogenschießens), sondern braucht nur einen wesentlich kleineren Schlenker zu machen. Er wird auch bei einem über Center geschnittenen Bogen, wo er sich theoretisch überhaupt nicht verwinden müsste, immer noch die typischen Bewegungen des Paradoxons durchlaufen, nur eben nicht in dem Maße, wie das bei einem nicht ausgearbeiteten Bogenfenster der Fall ist.

Das heißt in der Praxis, dass ein Bogen mit **ausgeprägtem** Schussfenster eine größere Bandbreite unterschiedlich steifer Pfeile verträgt, während ein Bogen ohne Schussfenster empfindlicher auf Schäfte von verschiedenem Spine reagiert.

Viele Bogner sagen, dass ein Bogen nicht über Center geschnitten sein sollte, da der Schaft durchaus etwas seitlich abstehen müsse, um einen definierten Anlagepunkt zu haben. Ein über Center geschnittener Bogen verlange einen unnötig steifen (und damit schweren) Pfeil. Persönlich können wir das weder widerlegen noch bestätigen. Bei Versuchen mit einem über Center geschnittenen Recurve haben wir sehr gute Ergebnisse im Rohschafttest gemacht, wobei tatsächlich ein steifer Schaft gut flog. Die regulär vorgeschlagenen Schäfte der Alu-Auswahltabellen bewährten sich aber ebenfalls.

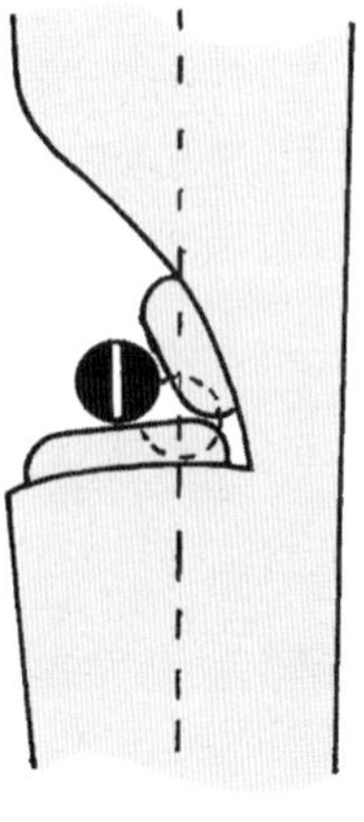

Falls euer Bogen über Center geschnitten ist und ihr damit nicht zurecht kommt, könnt ihr den Pfeil durch Aufkleben eines Leders im Bogenfenster auch ohne Probleme wieder nach außen „zurückholen“.
Das führt uns zum nächsten Punkt,
zu der **Pfeilauflage.**

Pfeilauflage

Eine gute Pfeilauflage kann zum sauberen Flugverhalten eurer Pfeile beitragen. Wenn ihr Plastikfedern benutzt, werdet ihr nicht um eine aufklebbare oder anschraubbare Pfeilauflage (Finger) herumkommen. Das haben wir schon unter „Befiederung" besprochen.

Bei Naturfedern könnt ihr aber einfach vom shelf schießen.

Das **shelf** bringt zwei Vorteile mit sich:

- **der Pfeil ist näher an eurer Bogenhand,** was das instinktive Schießen erleichtert,
- **euch wird niemals die Pfeilauflage abbrechen oder verloren gehen,** was bei den aufklebbaren Modellen schon mal vorkommen kann.

Damit hättet ihr eine Sorge weniger. Nachteilig ist die Unnachgiebigkeit des shelfs als Pfeilauflage. Bei nicht ganz passendem Spine kann man mit Hilfe einer einstellbaren Pfeilauflage (variabler Federdruck) den Pfeilflug immer noch durch Federjustage beeinflussen, beim shelf gibt es da aber nichts einzustellen.

Das shelf muss eine bestimmte Form haben, damit der Pfeil gut und gleichmäßig fliegen kann. Es sollte etwas **gerundet** sein, sodass der Pfeil nur an einer Stelle aufliegt, und dieser Auflagepunkt sollte dann auch noch möglichst direkt über dem Druckpunkt des Griffes liegen.

Wenn ihr den Bogen beim Schießen (mit dem Handgelenk) versehentlich um seine Hochachse dreht, ist die Fehlerauswirkung bei einem so beschaffenen shelf am geringsten.).

Pfeilanlage

Neben dem shelf soll nun auch noch das Bogenfenster im unteren Bereich, die **Pfeilanlage** also, gerundet sein. Der Pfeil liegt dadurch wirklich nur an zwei Stellen auf.

Nicht jeder Bogen hat eine dergestaltige Pfeilauf- und Pfeilanlage. Bei einigen Modellen ist dieser Bereich einfach winklig und gerade gearbeitet.

Wenn euer Bogen kein gerundetes shelf und kein gerundetes Fenster hat, gibt es für euch zwei Möglichkeiten:

- **Ihr nehmt Raspel und Schmirgelpapier und rundet shelf und Fenster.**
- **Ihr klebt je einen Lederstreifen auf shelf und Fenster, so dass der Pfeil auf /an diesen erhöhten Punkten liegt.**

Falls ihr an eurem Bogen herumraspelt, wird damit vermutlich jeglicher Garantieanspruch in die Binsen gehen. Trotzdem wollen wir euch davon nicht grundsätzlich abraten, vielleicht wartet ihr lediglich mit der Aktion, bis ein Jahr nach dem Neukauf vergangen ist, dann gibt es ohnehin meist keine Garantie mehr. Solltet ihr aber tatsächlich zum Werkzeug greifen, dann gebt euch wirklich Mühe, schleift hinterher fein bei und lackiert die Stelle am Ende auch vernünftig. Man kann das so gut machen, dass es nicht wie eine Nachbearbeitung aussieht.

Kapitel 6

Einflussgrößen des Schützen

Es ist kein Geheimnis, dass der Stil des Schützen einen Einfluss auf den Pfeilflug hat. Dieser Gedanke ist ja überhaupt der Grundansatzpunkt des ganzen Tunings. Wir wollen hier in diesem Kapitel auf die technischen / stilistischen Faktoren eingehen, die für das Tuning eine Rolle spielen können.
Wie schon am Anfang des Buches erwähnt, hat die feine Materialabstimmung überhaupt nur einen Sinn, wenn ihr bereits halbwegs konstante Bewegungsabläufe eingespeichert habt.

Der Pfeilflug wird vor allem von folgenden Faktoren bestimmt:

- **Auszugslänge**
- **Griffhaltung**
- **Abzug/Ablass/release**
- **Bogenarm**

Auszugslänge

Jeder, der schon mal einen Langbogen oder Recurve gezogen hat, weiß, dass diese Bogen mit zunehmender Auszugslänge immer stärker werden.
Hat solch ein Bogen bei einem Auszug von 28" ein Zuggewicht von beispielsweise 50 pounds, dann hat er bei 30" rund 55 pounds. Die Kraft des Bogens ist also eine Funktion des (Auszugs)Weges.
Variiert ihr die Auszugslänge, so verändert ihr damit auch die Kraft. Nicht nur die Kraft, die ihr selbst aufbringen müsst, um den Bogen zu spannen, sondern natürlich auch die Kraft, die beim Ablass auf den Pfeil wirkt (abzüglich der Reibung im System sind diese Kräfte gleich groß).
Da sich der Pfeil beim Abschuss unter Einwirkung dieser Kraft biegt (Paradoxon des Bogenschießens), ist die Größe dieser Kraft wichtig. Große Kräfte biegen den Pfeil stärker als kleine Kräfte.

Wenn die Biegung aber immer gleichmäßig ausfallen soll, dann muss die Kraft immer gleich groß sein und damit auch der Auszug immer gleich lang.
Kleine Veränderungen in der Auszugslänge spielen dabei nicht die entscheidende Rolle. Pfeile, die bei einem Auszug von 28" super fliegen, werden nicht bei 27 1/2" völlig unkontrolliert aus dem Bogen eiern. Aber zwischen 27 und 29 Zoll gibt es dann schon einen Unterschied. Eine genügend große Befiederung gleicht auch hier viel aus.

Theoretisch spielt auch die Stabilität der Bogenschulter in diesem Zusammenhang noch eine Rolle. Eine durch die Muskulatur gestützte und im Gelenk feste Schulter stellt das Körpergewicht besser hinter den Schuss als eine lockere Schlabberschulter. Im ersten Fall wird (bei gleicher Auszugslänge) mehr Energie des Bogens auf den Pfeil übertragen als im zweiten Fall, es würde also theotetisch ein steiferer Pfeil nötig sein.
Solche Effekte sind in ihrer Auswirkung auf das Tuning aber nicht überzubewerten. Über die Auswirkung auf die Trefferlage sprechen wir hier ja nicht.

Griffhaltung

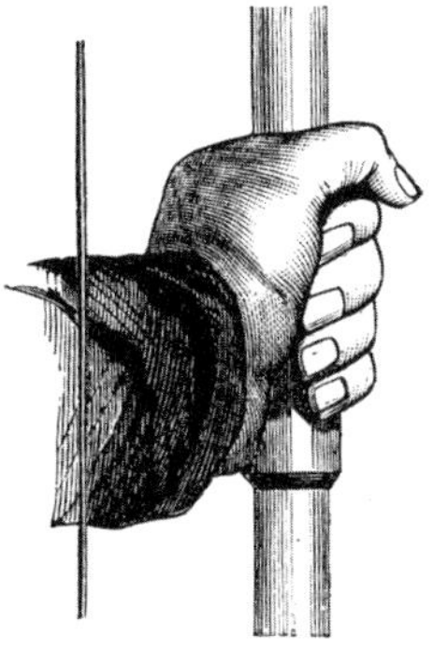

Die Art und Weise, wie ihr den Bogen beim Schießen fasst, ist natürlich abhängig von der Grifform, die der Bogen hat. Aber man kann auch ein und den selben Griff unterschiedlich anfassen, indem man ihn fest oder locker hält, oder indem man den Druckpunkt der Hand auf dem Griff verlagert.

Drückt ihr hauptsächlich im unteren Bereich des Griffs, werden die Pfeile etwas höher fliegen, weil man damit eigentlich den unteren Wurfarm des Bogens verkürzt und verstärkt (aber auch stresst).Neben einer erhöhten Flugbahn der Pfeile, werdet ihr bei solch einer Griffhaltung wahrscheinlich auch einen höheren Nockpunkt benötigen, damit die Pfeile nicht reiten.
Es spielt für das **Tuning** weniger eine Rolle, **wie** ihr euren Griff anpackt, nur solltet ihr es immer auf die **gleiche Art** machen. Sonst werdet ihr euren optimalen Nockpunkt nicht ermitteln können. Grip-walking (Wandern auf dem Griff) macht das Tunen nicht gerade leichter.

Druckpunkt und Nockpunkt korrespondieren miteinander, sie sind der energetische Mittelpunkt des Bogens, in dem er seine Balance finden sollte.
„Man sollte es dem Bogen überlassen, wie er gehalten werden möchte, und sich darauf einstellen, damit man ihn nicht blockiert und Energie verschwendet." (Frank Riedel)
Auch wie fest oder locker ihr diesen Griff dann ausübt, kann beim Tuning eine Rolle spielen. Der Bogen darf nicht in der Hand das Tanzen anfangen, aber das Wasser herausquetschen solltet ihr auch nicht.

Abzug - Ablass - Lösen - Release

Verwechselt Schießfehler nicht mit Tuning-Fehlern !
Wenn ihr beim Abzug die Sehne um zehn Zentimeter seitlich vom Gesicht wegreißt, werden eure Pfeile nicht gut aus dem Bogen rauskommen. Ganz gleichgültig, wie gut ihr vorher euer Material abgestimmt habt. (Wir geben zu, ein extremes Beispiel).
Meistens bemerkt man die eigenen Fehler nicht, deshalb bittet ruhig einen Freund darum, euch beim Schießen / Tunen zu beobachten.

Ein sauberes Lösen der Sehne ist vorteilhaft für einen guten Pfeilflug. Aber ihr braucht euch nicht verrückt zu machen, wenn euer Release nicht immer einmalig gut ist. Gerät euch der Ablass öfter mal etwas holperig, greift ihr vielleicht auf einen schwereren Pfeil zurück und habt damit euer Schäfchen auch wieder ins Trockene gebracht. Eine ordentliche Befiederung hilft euch in diesem Fall ebenfalls weiter.

Bogenarm

Lasst die Bogenhand nach dem Abzug noch so lange stehen, bis der Pfeil im Ziel auftrifft. Das ist zum einen gut für euer **mentales Nachhalten** und bewirkt, dass dem Pfeil die volle Energie mitgegeben wird. Sie bewahrt euch zum anderen auch davor, dem Pfeil in der entscheidenden Sekunde noch einen Schlenker zu verabreichen, indem ihr den Bogen zur Seite oder nach unten reißt.
Der Effekt wäre dann ähnlich dem eines schlechten Abzugs, nur dass der Pfeil nicht hinten, sondern diesmal vorne aus der Bahn geworfen würde.

Nachhalten

In der gespannten Haltung des Abschusses verharren, bis der Pfeil die Scheibe erreicht hat.

Kapitel 7

Tuning von Holzbogen

Holzbogentuning, ist das nötig ?

Um es gleich vorweg zu sagen: Holzbogentuning braucht man eigentlich nicht. Es sei denn, ihr möchtet ebenso gute Ergebnisse mit diesem Bogen schießen wie jemand mit einem getunten, modernen Bogen (klar wollt ihr das, sonst würdet ihr dieses Büchlein gar nicht lesen).

Also noch mal:

Wenn ihr etwas treffen wollt, müsst ihr auch oder gerade beim einfachen Bogen euer Material abstimmen.

Prinzipiell gilt für das Tuning von Holzbogen[1] das gleiche wie in den vorangegangenen Kapiteln beschrieben.

Über den **Rohschafttest** könnt ihr euren Pfeil und euren Nockpunkt festlegen. Mit der **Sehne** lässt sich die Geschwindigkeit des Bogens regulieren. Es gibt aber noch einiges, was ihr beachten solltet.

Im Folgenden einige Fragen und Antworten dazu.

Warum muss der Schaft vom Spine her um einiges weicher sein, als es das Zuggewicht des Bogens eigentlich erfordern würde?

Generell sind alle Spinegruppierungen, die ihr im Fachhandel kauft, auf moderne, glasbelegte Bogen abgestimmt. Ein Holzbogen ist, bei gleichem Zuggewicht,

---

1 Mit *Holzbogen* sind hier gemeint alle Arten von Selfbogen, sowie Englische Langbogen, oder auch "primitive Bogen" (primitiv im Sinne von einfach / ursprünglich). Diese Bogen bestehen ausschließlich aus Holz und Naturmaterialien wie Horn oder Sehnen, ohne die bei modernen Langbogen / Recurve üblichen Glasfaser- oder Carbonauflagen bzw. -einlagen und ohne eingeschnittene Pfeilauflage.
Selfbogen sind aus einem einzigen Stück Holz gearbeitet.

meist etwas langsamer als ein moderner Bogen, braucht deshalb einen weicheren Schaft, knapp fünf Pfund weniger.
Holzbogen werden auch meistens mit Dacron-Sehnen geschossen, die sind ja auch etwas lansamer (und bogenschonender) als Fast-Flight & Co.
Da Holzbogen fast nie eine eingearbeitete Pfeilauflage haben, liegt der Schaft weit vom Zentrum des Bogens zur Seite hin. Um durch das Paradoxon zu gehen, muss er, im Vergleich zu einem Bogen mit eingeschnittener Pfeilauflage, sich viel mehr um den Bogen herumwinden, sprich noch mal weicher sein, ungefähr zwischen 5 und 15 Pfund; ein Rohschafttest bringt hier Sicherheit!

Warum ist es besser, mit einer leichten Nockpunkt-Überhöhung zu schießen ?

Viele Holzbogner schießen ihre Pfeile direkt über die Hand (Zeigefinger), ohne extra Pfeilauflage. Das produziert dann manchmal die typische Holzbogenschmarre am Zeigefinger (sieht nicht nur unschön aus, sondern tut auch noch verdammt weh).
Um dem zu entgehen, empfehlen wir eine leichte Überhöhung des Nockpunkts. Bei 3 - 5 mm Überhöhung kommt der Schuss immer noch gut aus dem Bogen. Der Pfeil fliegt ruhig, und eure Hände werden es euch danken. (Die Federkiele vorne mit Faden umwickeln hilft zusätzlich.) Je nach Tiller verlangen manche Bögen (Reiterbögen z.B.) einen relativ hohen Nockpunkt.
Da der Pfeil ja auf der Hand liegt, muss man natürlich darauf achten, die Hand immer in der gleichen Höhe am Griff zu belassen. Am besten ihr merkt oder markiert euch die Stelle am Griffleder, wo der Pfeil liegen sollte. Ein kurzer Blick zur Kontrolle der Handstellung vor dem Aufnocken des Pfeils sollte zur routinemäßigen Schussvorbereitung gehören.
Ist dann die Hand doch mal unbemerkt nach oben gewandert, spürt man das meist sofort, es „brennt“ am Finger.

Kann man die Abschussgeschwindigkeit erhöhen?

Wie im Kapitel 4 beschrieben, kann die Geschwindigkeit über die Sehne reguliert werden. Je dünner die Sehne, desto schneller der Pfeil.
Wer auf Geschwindigkeit beim Holzbogen Wert legt, kann das auch schon beim Kauf / Bau beachten.
Achtet auf schmale Tips (Wurfarm-Enden). Wenn hier weniger Masse zu beschleunigen ist, wirft der Bogen auch schneller.

Wie wichtig ist das Pfeilgewicht?

Um gute Gruppen zu schießen, ist es **sehr** wichtig, dass die Pfeile in etwa gleich schwer sind.
Über die Gewichtstoleranzen gehen die Meinungen etwas auseinander. Je nachdem, wie penibel man da vorgehen möchte, liegt die zulässige Abweichung für manche Schützen bei +/- **10 grain** (= etwa 0,64 Gramm), für andere bei +/- **1 Gramm** (= 15,5 grain).
Sicherlich sollte man seine Schäfte aber innerhalb der gesteckten Toleranzen zu Gruppen gleichen Gewichts bündeln.

Und wozu habe ich mir nun diese ganze Mühe gemacht?

Wenn ihr dann sorgfältig eure Ausrüstung auf euren eigenen Schießstil abgestimmt habt, stellt sich das gute Gefühl ein, von der "technischen, materiellen" Seite her alles getan zu haben.
Es ist für das eigene Selbstvertrauen immens wichtig zu wissen:

„Ich schieße diesen Bogen mit dem optimalen Material, das dazu passt. Jetzt liegt es nur noch an mir, das Beste daraus zu machen !"

Kapitel 8

Angewandte kleine Bogenphysik

Bogenphysik, brauchen wir die zum Tunen?
Die Bogenphysik hat nicht direkt etwas mit dem Tunen der Ausrüstung zu tun. Mit einem grundsätzlichen Verständnis der Arbeitsweise des Bogens (wir gehen hier nicht auf Details ein) könnt ihr euch aber selbst einiges besser erklären. Deshalb an dieser Stelle für Interessierte einige Grundlagen zur Bogenphysik, nicht streng wissenschaftlich, sondern immer mit Bezug zur Anwendung.

Physikalische Grundlage - das Basiswissen

Der Bogen ist eine Maschine, die Energie speichern und wieder abgeben kann. Eine Maschine ist in der Physik ein Hilfsmittel zur Verrichtung von Arbeit, und hat damit nicht unbedingt etwas mit einem Motor zu tun. Eine Flaschenzug ist beispielsweise auch eine Maschine, oder eine schiefe Ebene, also etwas Arbeitserleichterndes.
Das Grundprinzip der Maschine Bogen besteht darin, die Energie zu speichern, die ihr mit eurem Auszug langsam in das System Bogen eingebt, und diese eure Energie beim Ablassen wieder schlagartig frei zu setzten. Je mehr Energie ihr in den Bogen hineinsteckt, desto mehr bekommt ihr in der Regel beim Abschuss wieder heraus, jedenfalls abzüglich der Reibung (ein wenig Verlust ist immer) eures Systems Bogen. Deshalb sind starke Bogen meist schneller als schwache Bogen, das weiß jeder.

Energie ist die Fähigkeit, Arbeit zu verrichten.
Arbeit ist das Produkt von Kraft und Weg.
Kraft ist wiederum das Produkt von Masse und Beschleunigung.

Beim Bogen wird letztendlich die Masse des Pfeils beschleunigt, das ist die Arbeit, die der Bogen verrichtet.

Energie geht nicht verloren, sie kann in eine andere (Energie-)Form umgewandelt werden, Geschwindigkeit in Wärme (beides Energieformen) zum Beispiel, oder, wie beim Bogen, elastische Verformung der Wurfarme (WA) in Geschwindigkeit des Pfeils. Das heißt, dass alle Energie, die ihr aus einem Bogen herausbekommen wollt, vorher von euch in den Bogen hineingesteckt werden muss, nämlich indem ihr (Muskel-)Kraft für den Auszug aufwendet.

Informationen aus dem Auszugsdiagramm

Die Energie , die in einen Bogen hineingesteckt wird, kann man in einem sogenannten Auszugsdiagramm darstellen. Im Auszugsdiagramm wird die Kraft, die zum Auszug des Bogens benötigt wird (also das Zuggewicht des Bogens), in Abhängigkeit vom Auszugsweg (der Auszugslänge) dargestellt.
In einer Tabelle könnte man das Zuggewicht in Abhängigkeit von der Auszugslänge ebenfalls darstellen und ablesen, eine Tabelle gibt aber kein so schönes, übersichtliches Bild wie ein Diagramm.

Wozu kann man ein Auszugsdiagramm gebrauchen?

- Wir können sehen, welches Zuggewicht ein Bogen bei einer bestimmten Auszugslänge (unserer eigenen z.B.) eigentlich hat.
- Wir können den Auszugscharakter des Bogens erkennen.
- Wir können die Energie abschätzen, die wir beim Ausziehen im Bogen speichern.

Wie liest man ein Auszugsdiagramm?

Auf der (horizontalen) x-Achse ist der Auszugsweg, d.h. die Auszugslänge aufgetragen. Prinzipiell könnte man das in jeder Längeneinheit machen, im Bogensport ist es traditionellerweise das Zoll, englisch „inch“ genannt (ein Zoll entspricht 2,54 cm).

Nach rechts hin sind die größeren Auszugslängen aufgetragen, auf der (vertikalen) y-Achse ist die Auszugskraft (manche sagen „Zuggewicht“) dargestellt. In der Physik würde man die Einheit „Newton“ verwenden, im Bogensport rechnen wir in englischen Pfund („pound“ oder „lbs.“ oder „#“ abgekürzt)

Bestimmen des Zuggewichts bei einer gegebenen Auszugslänge

Wenn ich jetzt wissen will, bei welcher Auszugslänge der Bogen wie stark ist, brauche ich nur von der gesuchten Auszugslänge (z.B. 25 Zoll) senkrecht nach oben gehen, bis ich auf die Auszugskurve des Bogens stoße. Dann gehe ich waagerecht nach links und kann die Kraft, die der Bogen bei dieser Auszugslänge hat, direkt ablesen.

Der Bogen in unserem Beispiel hat bei 25" Auszug ein Zuggewicht von 45 pounds (Schnittpunkt „1“), bei 28" hat er 50 pounds (Schnittpunkt „2“). Wenn ihr eure Auszugslänge kennt, könnt ihr aus dem Diagramm entnehmen, wie stark ein Bogen für euch persönlich ist.

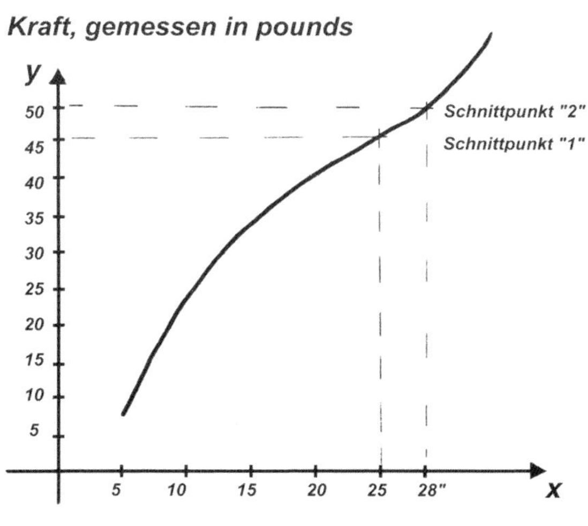

Abb. 1

Erkennen des Auszugscharakters eines Bogens

Mit Hilfe eines Auszugsdiagramms kann man sehen, ob ein Bogen gegen Ende des Auszugsweges

- überproportional schwer wird (progressiv),
- ob er sich gleichmäßig ausziehen lässt (linear),
- oder ob er im Verlauf des Auszugs sogar weicher (degressiv) wird.

Denn flache Kurvenverläufe im Diagramm zeigen geringe Zuwachsraten der Zugkraft / des Zuggewichts an, steile Verläufe zeigen große Zuwachsraten an.

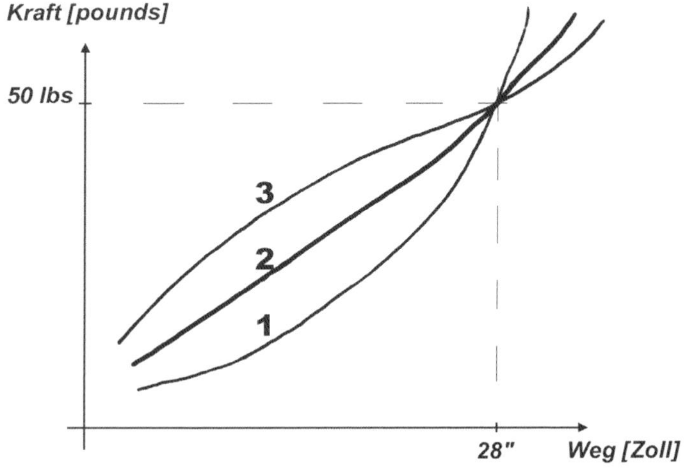

Abb. 2

Abb. 2 zeigt drei unterschiedliche Bogen, die alle das gleiche Zuggewicht haben. In unserem Beispiel haben alle drei Bogen 50 lbs. auf 28 Zoll. Das klingt nach drei identischen Bogen, ihr wisst aber schon, dass 50 pounds nicht unbedingt immer gleich leicht zu ziehen sind, manche Bogen fühlen sich „bretthart“ an, andere scheinen „weicher“ zu sein. Das liegt daran, wie ein Bogen im Verlauf des Weges (also des Auszugs) seine Kraft aufbaut.

Typ 1 wäre in unserem Beispiel ein Flachbogen, vielleicht 62 Zoll lang, der in entspanntem Zustand gerade oder leicht reflex ist. So ein Bogen baut am Anfang seines Auszugs nicht viel Kraft auf, aber je weiter er in Richtung 28 Zoll gezogen wird, desto mehr zieht er sich zu, er wird härter. Der Fachbegriff dafür heißt „stacking". Der Bogen wird, je weiter er ausgezogen ist, überproportional stärker. Am Beginn des Auszugs wird der Bogen pro Zoll vielleicht nur knapp zwei pounds stärker, gegen Ende des Auszugs legt er pro Zoll Mehrauszug aber schon rund vier pounds zu. Das erkennt ihr nun im Auszugsdiagramm daran, dass die Kurve anfangs flacher und hinterher steiler verläuft. Einen solchen Bogen auf mehr als 28 Zoll zu ziehen wäre subjektiv den meisten Schützen schon recht unangenehm. Der Bogen wird hinten „bretthart".

Typ 2 wäre ein Vertreter eines modernen Langbogens (LB) in deflex-reflex Form von 64 bis 68 Zoll Länge. Der Kurvenverlauf bis 28 Zoll ist annähernd gleichförmig gerade, d.h., der Bogen legt bis 28 Zoll pro Zoll Auszugslänge einen gleichmäßigen Zuwachs an Zuggewicht an den Tag. Solche Bogen sind schon sehr angenehm zu ziehen.

Typ 3 stellt einen Recurve-Bogen (RC) dar. Dieser Bogen hat bei Standhöhe, also ganz am Anfang der Auszugskurve, schon mehr Zug an der Sehne als die beiden anderen Bogen. Er steigt auch im frühen Verlauf des Auszugs schneller mit dem Zuggewicht an. Hier in diesem Bereich muss der Schütze also mehr Kraft zum Spannen aufwenden.
Je näher der Auszug aber der 28-Zoll-Marke kommt, desto flacher wird die Auszugskurve, der Bogen ist hier also nicht mehr progressiv wie es der Flachbogen war, er ist auch nicht linear wie der Langbogen, sondern er ist leicht degressiv, wie es typisch für den Recurve ist. Diesen Bogen kann man auch ohne viel zusätzliche Kraft weiter als 28 Zoll ausziehen. Hier ist der Bogen „weich".

Erst bei 30 bis 32 Zoll Auszug wird die Kurve wieder steiler und der Bogen wird dann ebenfalls progressiv in seinem Auszugsverhalten.
Nicht vergessen, das war nur ein Beispiel für unterschiedlicher Auszugskurven. Keine Debatte über unterschiedliche Bogentypen!

Fazit: Am Verlauf der Auszugskurve, an ihrer Steigung, könnt ihr erkennen, in welchem Teil des Auszugs(weges) ein Bogen viel Kraft aufbaut und in welchem Teil er wenig Kraft aufbaut.
Wenn ihr zum Beispiel einen Bogen bevorzugt, der am Anfang des Auszugs nicht gleich so stark ist, nehmt ihr einen Bogen, dessen Auszugskurve im Anfangsbereich flach verläuft. Hinterher wird sie dann allerdings zwangsläufig steiler, um auf ein bestimmtes Zuggewicht zu kommen. Typ 1 wäre solch ein Bogen.
Wenn ihr einen Bogen haben wollt, der sich gegen Ende des Auszugs noch butterweich verhält, dann sucht ihr euch einen wie Typ 3 aus, bei dem die Kurve also in diesem Bereich flacher ist. Dieser Bogen hat dafür am Anfang des Auszugs mehr Spannung an der Sehne.
Typ 2 stellt ein Mittelding dar: Von vorne bis hinten gleichmäßiger Kraftaufbau, der sich in einem gleichmäßigen Anstieg der Auszugskurve widerspiegelt.

Abschätzen der Energie, die ein Bogen beim Ausziehen speichert
Wir haben ja schon zu Anfang festgehalten, dass ein Bogen Energie speichert und diese gespeicherte Energie beim Abschuss auf den Pfeil überträgt. Je mehr Energie er speichert, um so mehr kann er auch an den Pfeil weitergeben. Diese Energie lässt sich ebenfalls aus dem Auszugsdiagramm entnehmen. Sie entspricht graphisch der Fläche, die zwischen der horizontalen Linie liegt, welche die Standhöhe des Bogens markiert (denn beim Abschuss kann der Bogen ja nicht unter die Standhöhe zurückschwingen) und der Auszugskurve des Bogens.

Im Diagramm ist das die Fläche 1 die von den Punkten „A, B und C" umrahmt wird. Diese Energie steht dem Bogen beim Abschuss zu Verfügung, es ist die potentielle Energie des Bogens.

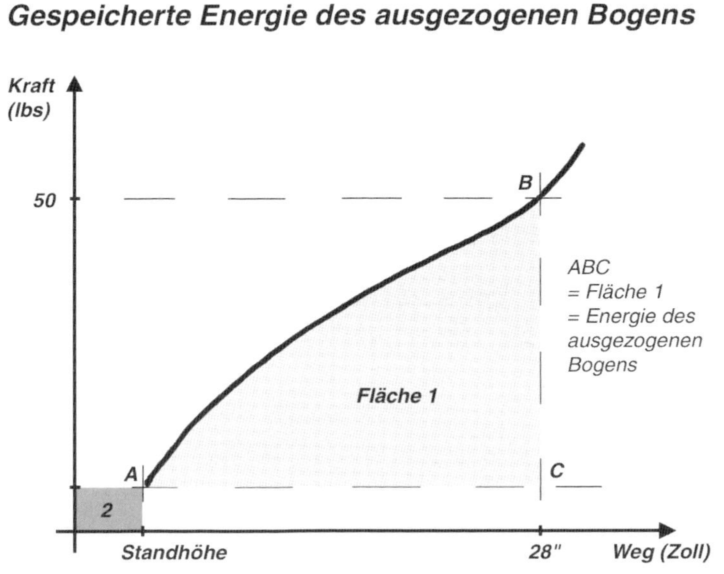

Abb. 3

Die Fläche 2 zeigt graphisch die Energie, die der Bogen in gespanntem, aber nicht ausgezogenen Zustand hat (die Sehne ist also aufgelegt, aber der Bogen ist nicht ausgezogen). Diese Energie kann nicht in Pfeilenergie umgewandelt werden. Die Sehne verhindert ein Zurückschwingen der WA unter Standhöhenniveau. Diese Restenergie verbleibt also im Bogen. Sie wird erst dann freigesetzt, wenn die Sehne im Abschuss reißt. Das kann den Bogen zerstören, denn der Pfeil wird nicht beschleunigt, sondern stattdessen bleibt alle gespeicherte Energie im Bogen selbst. Das gleiche kann passieren, wenn dauerhaft extrem leichte Pfeile geschossen werden.

In Abb. 3 wird auch deutlich, warum ein Bogen schneller wird, wenn man eine längere Sehne auflegt. Die Standhöhe wird verringert und dadurch die Fläche 1 vergrößert. Beim Abschuss steht mehr Energie zur Übertragung auf den Pfeil zur Verfügung, was in höheren Pfeilgeschwindigkeiten resultiert. Dem Verringern der Standhöhe sind aber natürlich Grenzen gesetzt.

Wozu kann man die Energiebetrachtung anwenden?

Man kann damit zum Beispiel zwei Bogen vergleichen und Rückschlüsse auf die Pfeilgeschwindigkeit der Bogen ziehen. In der Abb. 4 sind zwei Bogen verglichen, als Beispiel wieder unser Recurve und der Flachbogen, beide 50 pounds bei 28 Zoll.

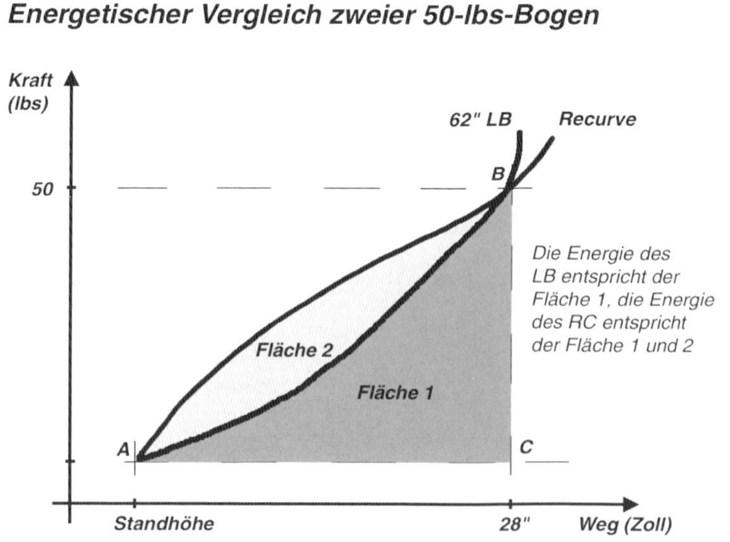

Abb. 4

Wie ihr aus dem Vergleich der Flächen sehen könnt, speichert der RC mehr Energie als der LB, denn die Fläche unter seiner Kurve ist größer. Das ist einer der Gründe, warum ein RC in der Regel schneller wirft als ein LB.

Die Bogengeometrie bestimmt den Bogencharakter

Wo liegen nun die Ursachen in diesen unterschiedlichen Auszugskurven? Sie liegen in dem Verhältnis von der Wegstrecke, welche die Sehne beim Auszug zurücklegt, und welche im Vergleich dazu der WA zurücklegt. Dieses Verhältnis verändert sich mit zunehmendem Auszug beim RC und beim LB unterschiedlich stark. Es hängt vom Winkel ab, den Sehne und WA miteinander bilden. Wenn wir bei einem Bogen (bei Standhöhe) die Sehne z.B. um 10 cm zurückziehen, bewegt sich der Tip des WA nicht ebenfalls um 10 cm nach hinten, sondern nur um vielleicht 3 cm. Wenn wir beim gleichen Bogen die Sehne bei voller Auszugslänge um weitere 10 cm nach hinten ziehen, dann gehen die WA vielleicht um 7 oder 8 cm nach hinten. D.h. das Verhältnis von Sehnenweg und WA-Weg wird mit zunehmendem Auszug immer progressiver. Bei größerem Auszug bewegt sich der WA weiter als bei kleinerem Auszug. Und der Grad der Progression steigt, je größer der Winkel zwischen Sehne und WA ist.
Dazu schauen wir uns Abb. 5 an.

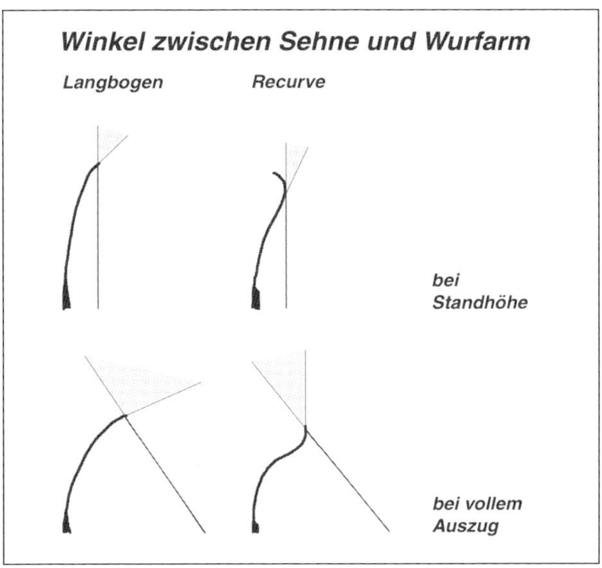

Abb. 5

Wenn man einen LB auf Standhöhe betrachtet, ist der Winkel jetzt schon größer als bei einem RC auf Standhöhe. Aber noch deutlicher wird der Unterschied, wenn wir uns beide Bogentypen im vollen Auszug ansehen. Der Winkel beim RC ist deutlich kleiner. Je kleiner der Winkel, desto geringer die Progression, desto weniger stark fällt der Kraftzuwachs aus, den der Bogen bei jedem weiteren cm (oder Zoll) an zusätzlichem Auszug an den Tag legt. Desto weicher bleibt der Bogen im Auszugsverhalten.

- **kleiner Winkel Sehne / WA -> Bogen ist weich auszuziehen**
- **großer Winkel Sehne / WA -> Bogen neigt zum stacking**

Wenn wir einen Bogen kaufen wollen, kein Auszugsdiagramm haben, aber ein Bild, dann können wir anhand des WA-Verlaufs bei unserer persönlichen Auszugslänge schon in etwa sagen, ob der Bogen hier noch weich im Auszug ist.
Daran liegt es auch, dass große LB (68 Zoll und länger) weicher zu ziehen sind, als kleine LB gleicher Bauart. Der Winkel ist beim großen Bogen geringer und damit seine Auszugsprogression ebenfalls. Ein Unterschied ergibt sich aber auch bei zwei gleichen Bogentypen (z.B. zwei 68 Zoll LB) die unterschiedlich getillert sind. Schaut euch mal den Sehnenwinkel vom alten ML 14 von Martin an, und einen moderneren 68 Zoll deflex-reflex LB. Das Auszugsverhalten wird eure Beobachtung bestätigen.

Wir kommen im nächsten Kapitel auf den zweiten Teil der Energiebetrachtung zu sprechen: Was passiert beim Lösen mit der Energie, die im Bogen gespeichert war?

Wie viel Energie überträgt der Bogen auf den Pfeil?

Bis jetzt haben wir das Augenmerk auf die Energie gerichtet, die ein Bogen beim Auszug speichert. Jetzt betrachten wir, wie ein Bogen seine gespeicherte Energie (wie viel davon) auf den Pfeil überträgt.

Der Wirkungsgrad des Bogens

Wo auch immer Energie übertragen wird, wird nicht die gesamte Energie übertragen, sondern lediglich ein Teil davon. Ein anderer Teil geht in andere Energieformen über und steht für das System, auf welches die Energie übertragen werden soll, nicht mehr zur Verfügung. Falls die gesamte Energie übertragen würde, spräche man von einem Wirkungsgrad = 1. Beim Bogen liegen die Wirkungsgrade bei ca. 0,75 – 0,80. Das ist schon ganz gut. Ein Automotor wandelt glaube ich nur rund 38 % der Verbrennungsenergie des Treibstoffs in Bewegungsenergie um. Der Wirkungsgrad beträgt hier also nur 0,38. Von dieser Bewegungsenergie geht noch so viel durch Reibung im System Auto verloren, dass tatsächlich nur rund 10 % für die eigentliche Fortbewegung benutzt werden. Wirkungsgrad also schlappe 0,1! Auch bei einer Glühbirne werden rund 90 % der eingesetzten Energie in Wärme umgewandelt, der Rest in Licht. Wirkungsgrad auch hier nur 0,1.

Aber auch der Bogen überträgt nicht die gesamte gespeicherte Energie auf den Pfeil. Er muss sich ja mit dieser Energie auch selbst beschleunigen (die WA werden beim Abschuss bewegt), er muss die Sehne beschleunigen, der Pfeil reibt über die Pfeilauflage u.s.w.

Die Bewegungsenergie des Pfeils

Man kann die Energie bestimmen, die abzüglich dieser ganzen „Verluste“ (Verlust in Bezug auf den Pfeilflug) auf den Pfeil übertragen wird, indem man die Pfeilgeschwindigkeit und die Masse des Pfeils bestimmt.

Die Energie des fliegenden Pfeils errechnet sich aus:
E = halbe Masse x Geschwindigkeit^2 (die Pfeilgeschwindigkeit geht im Quadrat ein), also:

$$E = 1/2\ m\ v^2$$

Es ist die Bewegungsenergie des Pfeils. Der Bogen wandelt potentielle Energie in Bewegungsenergie um.

Wenn man also das Pfeilgewicht kennt (Masse), und die Abschussgeschwindigkeit, und daraus die Energie des fliegenden Pfeils errechnet hat, kann man diese Bewegungsenergie des Pfeils mit der potentiellen (gespeicherten) Energie des Bogens (die Fläche unter der Kurve des Auszugsdiagramms) vergleichen. Die Bewegungsenergie des Pfeils ist natürlich immer geringer als die potentielle Energie des Bogens, weil ja nicht die gesamte potentielle Energie des Bogens in Bewegungsenergie des Pfeils umgewandelt wird, der Rest geht (siehe oben) im System Bogen „verloren".
Dieser „Verlust" an Energie ist beim RC geringer als beim LB, denn er hat kürzere, leichtere WA, die sich leichter beschleunigen lassen und deshalb weniger Energie dazu benötigen. Aus dem selben Grund wirft auch ein leichtes Holz im WA schneller als ein gleichstarkes, aber schwereres Holz, und deshalb wirft ein Bogen mit leichter Sehne schneller als mit einer schweren Sehne.

Bei der Gegenüberstellung von potentieller Energie des Bogens und Bewegungsenergie des Pfeils kann man sich nun über den Wirkungsgrad des Bogens klar werden. Er zeigt an, wie viel Energie tatsächlich umgesetzt wird und errechnet sich, indem man die Bewegungsenergie durch die potentielle Energie teilt.

Verschiedene Einflussgrößen

Im ersten Abschnitt sagte ich, dass ein RC beim Auszug mehr Energie speichert als ein gleichstarker LB und deshalb einen gleich schweren Pfeil schneller wirft. Der zweite Grund liegt nun in dem unterschiedlichen Wirkungsgrad von RC und LB. Der WA eines typischen LB ist lang und relativ massig. Im Vergleich dazu ist der WA eines RC wesentlich kürzer und auch leichter (obwohl er breiter ist). Der LB benötigt also mehr Energie, um den eigenen WA zu beschleunigen. Es bleibt nicht mehr soviel Energie für die Beschleunigung des Pfeils übrig. Unterschiedliche Bogentypen haben also einen unterschiedlichen Wirkungsgrad.

Auch die **Bogenlänge** hat einen Einfluss auf den Wirkungsgrad. Als Beispiel nehmen wir uns den LB: Wir haben anfangs gesagt, dass sich ein langer LB weicher auszieht als ein (baugleicher) kurzer LB, weil sein Sehnenwinkel kleiner ist. Weicher Auszug hieß, dass der lange LB im frühen Auszug mehr Kraft aufbaut als der kurze und nach hinten hin dafür weicher bleibt. Damit speichert er bei gleichem Zuggewicht mehr Energie als der kurze LB. Je länger der LB also ist, desto mehr Energie speichert er, je kürzer, desto weniger.
Beim Lösen des Pfeils ist es nun umgekehrt: Ein langer LB hat die schwereren WA als ein kurzer LB und benötigt darum mehr Energie für die Beschleunigung der WA (siehe oben). Je länger der Bogen, desto schlechter wird also sein Wirkungsgrad.

Fazit:
- **langer LB = guter Energiespeicher, schlechter Wirkungsgrad**
- **kurzer LB = schlechter Energiespeicher, guter Wirkungsgrad**

Bei irgendeiner Bogenlänge haben wir nun das optimale Verhältnis zwischen der Energie, die ein Bogen beim Auszug speichert (potentielle Energie) und seinem Wirkungsgrad.

Für Holzbogen ist diese optimale Bogenlänge empirisch ermittelt worden von Tim Baker (Bow Design and Performance, in Traditional Bowyer´s Bible VoI.1, Seiten 69 und 94). Sie lag bei seinen Versuchen für einen Auszug von 28 Zoll bei 66 bis 67 Zoll Bogenlänge. Und die traditionell gängigen Bogenlängen für Bogen dieses Typus zeigen das ja auch. Die meisten LB liegen im Bereich 66 bis 68 Zoll. Hier hat allein die Erfahrung, ohne die Physik zu Rate zu ziehen, schon das Optimum ermittelt. Eine Berechnung des Wirkungsgrades ist ja schon etwas akademisch für uns traditionelle Bogner.

Das **Pfeilgewicht** (die Masse des Pfeils) hat ebenfalls einen Einfluss auf den Wirkungsgrad des Systems Bogen - Pfeil - Schütze. Wir wissen alle, dass ein gegebener Bogen einen leichten Pfeil schneller wirft als einen schweren Pfeil. Wenn man jetzt über die Formel der kinetischen Energie (Bewegungsenergie des Pfeils) nachdenkt ($E = 1/2\ m\ v^2$), kommt man schnell zu dem Schluss, dass der leichtere Pfeil auch die höhere kinetische Energie besitzen muss, weil ja die Pfeilgeschwindigkeit im Quadrat eingeht und dass aus diesem Grund der Wirkungsgrad eines Bogens mit dem leichten Pfeil größer ist, als mit dem schwereren Pfeil.

Falsch gedacht, das Gegenteil ist der Fall. Tatsächlich ist es so, dass der schwere Pfeil mehr Energie aus dem Bogen „absorbiert“. Er fliegt zwar langsamer, aber nicht soviel langsamer, als dass seine kinetische Energie geringer wäre als die des leichten Pfeils. Und das, obwohl die Geschwindigkeit im Quadrat eingeht. Im Versuch lässt sich das ganz leicht ermitteln. Norb Mullaney hat für das U.S. Magazin „Archery World“ Bogen getestet und durchgemessen. Anhand einer seiner Messungen (ich habe das auch schon mit eigenen Messdaten durchgespielt) können wir das nachvollziehen:

Der Bogen war ein RC mit 51# bei 30 inch (also 23,13 kg, d.h. 226,9 Newton). Seine ermittelten Pfeilgeschwindigkeiten betrugen:

Pfeilgewicht (grain / Gramm)	**Pfeilgeschwindigkeit** (ft/sec / m/s)
450 / 29,25	190,6 / 58,09
550 / 35,75	176,9 / 53,92
650 / 42,25	166,0 / 50,59

Daraus errechnen sich unter Einsetzten in $E\ kin = 1/2\ m\ v^2$

Pfeilgewicht (grain / Gramm)	**kinetische Energie des Pfeils** (Joule)
450 / 29,25	49,4
550 / 35,75	52,0
650 / 43,25	55,4

Wir sehen also, dass mit steigendem Pfeilgewicht die Bewegungsenergie des Pfeils zunimmt. Die potentielle Energie des Bogens bleibt gleich, die Energie des Pfeils wächst, also muss der Wirkungsgrad des Systems Bogen und Pfeil auch wachsen. Warum ist das so? Weil (siehe oben) ein Bogen seine gespeicherte, potentielle Energie besser auf einen schweren Pfeil übertragen kann, als auf einen leichten Pfeil. Denn die Masse der WA ist immer gleich, erhöhen wir im Vergleich dazu nun stetig das Pfeilgewicht, so wird der Faktor der WA-Masse im Vergleich zu der Pfeilmasse immer geringer (in Grenzen, die ebenfalls empirisch ermittelt werden müssten), das Verhältnis also immer günstiger.

Fazit:
- **Ein leichter Pfeil fliegt schneller als ein schwerer,**
- **aber ein schwerer Pfeil hat mehr Energie.**

Wenn ihr hohe Durchschlagskraft wollt, nehmt ihr also besser einen schweren Pfeil. Wenn ihr eine flache Flugbahn haben wollt, nehmt ihr einen leichten.

Jetzt kommt immer folgender Einwand: Die Carbonschützen haben ja oft das Problem, durch die Scheiben durchzuschießen, Carbonpfeile sind aber doch so leicht. Leichte, schnelle Pfeile müssen also viel Energie haben.
Carbonpfeile sind aber nicht nur leicht, sie sind auch dünn. Wenn der Pfeil in die Scheibe einschlägt, wird das Scheibenmaterial in diesem Moment stark zur Seite verdrängt. Das Loch, welches in der Scheibe momentan entsteht, ist größer als der Durchmesser des Pfeils. Nach kurzer Zeit zieht sich das entstandene Loch aber wieder zu. Der Pfeil wird dann durch die Reibung am Scheibenmaterial gebremst. Wenn der Pfeil nun schneller fliegt, ist er zu diesem Zeitpunkt aber schon weiter durch die Scheibe gedrungen. Außerdem sind Carbonpfeile sehr glatt, bieten also dem Scheibenmaterial wenig Reibungswiderstand. Deshalb bei Carbonpfeilen die hohe Eindringtiefe trotz geringen Pfeilgewichts.

Beim Bogenschießen sind oft sehr viele Faktoren zu berücksichtigen, wir werden unser Denkmodell bestimmt noch öfter erweitern müssen.

Z.B. das archer´s paradox: im Moment seiner Beschleunigung hat ein weicher Schaft eine stärkere **Durchbiegung** als ein steifer Pfeil. Hier wird zwar die gleiche Energie in den Pfeil gegeben, aber bei einem weichen Pfeil wird ein größerer Teil davon in die Krümmung des Pfeils gesteckt, es bleibt also weniger für die Beschleunigung übrig.
Ihr habt auch bestimmt schon bemerkt, dass ein Bogen einen schweren Pfeil leiser schießt, als einen leichten Pfeil. Das **Abschussgeräusch** ist ebenfalls eine Energieform, in die der Bogen seine gespeicherte Energie umwandelt, und die somit einen Energieverlust für den fliegenden Pfeil darstellt. Bei einem schweren Pfeil bleibt also mehr Energie für den Pfeile übrig.

Bislang haben wir ja nur über Energie und Geschwindigkeit eines Bogens gesprochen, es gibt aber auch noch andere, (viel) wichtigere Aspekte (Haltbarkeit, Preis-Leistungs-Verhältnis, Schönheit, persönlicher Bezug, Grifform, ...).
Die **Treffgenauigkeit** liegt ja bekanntlich in erster Linie beim Schützen selbst, aber Bogen unterscheiden sich voneinander auch durch ihr Maß, die Fehler des Schützen zu verzeihen. Ich nenne das hier die Akkuratesse eines Bogens. Pfeilgeschwindigkeit und Wirkungsgrad sind Dinge, die sich relativ leicht physikalisch erfassen lassen. Deswegen wird in Tests immer darauf herumgeritten. Da hat man harte Zahlen, die man vergleichen kann. Es ist schon wesentlich schwieriger, zur Akkuratesse eines Bogens genaue, messbare und nachvollziehbare Aussagen zu treffen. Wir werden uns diesem Thema also mehr mit Gefühl annähern, als mit physikalischen Methoden. Alles Pi mal Daumen geteilt durch gesunden Menschenverstand. Auf die Problematik eines akkuraten Bogens kommen wir jetzt.

Die Akkuratesse eines Bogens

Diese Frage ist vom physikalischen Standpunkt insofern nicht so einfach, weil es kein einheitliches Messverfahren für die Akkuratesse eines Bogens gibt, kein Maß, keine Einheit, von der man ablesen könnte, wie genau ein Bogens schießt und wie groß seine Neigung ist, Fehler (des Schützen) abzumildern oder (im schlimmsten Fall) zu verstärken.

Als solches möchte ich Akkuratesse hier definieren,
als **die Fähigkeit eines Bogens, Fehler des Schützen zu minimieren.**

Ich habe mir schon vorgestellt, eine Art Schießmaschine zu bauen, die beim Abschuss die Sehne oder den Bogen um ein bestimmtes Maß „verreißt", um dann die Abweichung des Pfeils zu messen. Aber das habe ich dann nie gemacht (zu faul) und es würde der Praxis auch nicht gerecht werden, denn ein Bogner kann viele unterschiedliche Arten von Schießfehlern machen und nicht alle wirken sich gleich aus.

Ich will noch vorwegschicken, dass jeder Bogenbauer weiß, dass sein Design in vielen Punkten ein Kompromiss ist. Ein Kompromiss insofern, als dass sich manche Eigenschaften eines Bogens gegenseitig ausschließen. Ein schneller Bogen ist nicht gerne ein leiser Bogen, oder ein haltbarer, oder ein genauer oder hat wenig Handschock. Die eierlegende Wollmilchsau ist nicht leicht zu kreieren, ein Bogenbauer setzt die Schwerpunkte so, dass ein Bogen mit einem guten Mix verschiedener Eigenschaften rauskommt. Oder er baut einen Bogen für einen bestimmten Anwendungsfall (z.B. ein Flight-Bogen zum Weitschießen), der in erster Linie dann auch nur in dieser Disziplin gut ist.
Beispiel: Um einen Bogen schnell zu machen (und ihm einen weichen Auszug zu geben) kann man die Energie erhöhen, die der Bogen beim Auszug speichert. Ein extremes deflex-reflex Design beim LB speichert mehr Energie als ein Bogen gleicher Stärke, der gerade WA besitzt. Dieses Mehr an Energie speichert er im ersten Bereich des Auszugs. (Bei vollem Auszug sollen beide Bogen die gleiche Kraft haben, sonst wären sie ja nicht vergleichbar). Beim Abschuss verbleibt nun auch mehr Energie (als Geräusch) im deflex-reflex Bogen, als im geraden Bogen, er ist deshalb i.d.R. lauter.

Mit fortschreitender Technik lassen sich aber auch widersprüchliche Kriterien besser unter einen Hut bringen, die bislang als unvereinbar galten. Dazu kommen wir später noch im Beitrag von Sid Ball.

Jetzt werden wir uns erst mal **die unterschiedlichen Schießfehler** genauer ansehen:

1. Schätzfehler

Ein Bogner hat eine gute Schießtechnik, Abweichungen nach rechts oder links sind kein großes Problem für ihn, aber er vertut sich oft mit der Höhe. Für diesen Bogner ist vielleicht ein schneller Bogen gleichzeitig ein akkurater Bogen, weil er ihm eine flache Flugbahn bietet. Er kann eine „nervöse" Ausrüstung schießen, mit leichten Pfeilen und einem Bogen, der auf Abschussfehler empfindlich reagiert. Hauptsache, der Bogen ist schnell.

2. Lösefehler der Zughand und Verdrehen des Griffs mit der Bogenhand

Der Bogner verreißt die Sehne im Abschuss seitlich, er hat Rechts- / Linksabweichungen. Ein Bogen mit einem reflexen MT verstärkt solche Fehler eher, einer mit einem deflexen MT mildert.

Bei Lösefehlern der Zughand kommt auch das Wurfarmdesign zu tragen. Je torsionssteifer der WA, desto weniger empfindlich reagiert der Bogen. LB sind da generell weniger empfindlich als RC. Je extremer der Recurve des RC ausfällt, desto nervöser werden die WA, es sei denn, sie sind zusätzlich versteift (mit diagonalem Carbon z.B.).

3. Verreißen des Bogenarms

Hier kann ein Bogen helfen, der eine hohe Masse hat. Einen leichten Bogen mit 0,6 kg (LB ohne Bogenköcher) verreißt man schneller als einen Bogen mit 1,5 kg (RC mit Bogenköcher). Die FITA Bogen sind nicht umsonst so schwer.

4. Variation der Auszugslänge von Schuss zu Schuss

Ein LB baut gegen Ende des Auszugsweges pro Zoll zusätzlichem Auszug relativ mehr Zuggewicht auf als ein Recurve-Bogen.

Seine Kraft -Weg-Kurve im Auszugsdiagramm verläuft steiler. Deswegen reagiert ein LB stärker auf Variationen im Auszug als ein RC. Wenn das euer Problem ist, schaut ihr euch vielleicht nach einem seidenweichen RC um.

Um einen Einblick zu bekommen, wie ein Bogen konzipiert sein kann, füge ich an dieser Stelle (mit freundlicher Genehmigung) eine Übersetzung eines Beitrags von Sid Ball von Border Archery, Schottland ein:

Sid Ball:

Nach welchen Kriterien kauft man sich einen Bogen?

In den letzten 20 Jahren gab es im Bereich Pfeil und Sehne viele Neuerungen, die in erster Linie auf die Geschwindigkeit abgezielten. Die Entwicklung des Bogendesigns ging viel langsamer voran. Am Kompromiss zwischen Geschwindigkeit auf der einen Seite und Genauigkeit und gutem Schussverhalten auf der anderen hat sich kaum etwas verändert. In letzter Zeit scheint es aber zu einem ernstzunehmenden Durchbrach gekommen zu sein, was die Torsionssteifigkeit von RC-WA angeht. Dadurch hat sich der Balancepunkt zwischen Akkuratesse und Geschwindigkeit insofern verschoben, als dass wir heute höhere Pfeilgeschwindigkeiten bei einem gleichzeitig deutlich stärker fehlerverzeihendem WA haben.

Schauen wir uns einmal an, wie man einen schnellen und fehlerverzeihenden Bogen konzipieren kann, der sich weich auszieht und wenig Handschock hat.

Langbogen

Beim traditionellen (geraden) LB beschreibt der WA vom fade out bis zum Nock eine durchlaufende Biegung. Bei diesem geraden Design ist der Berührungspunkt von Sehne und WA (am Nock) immer hinter dem übrigen WA und deshalb zieht der WA im Abschuss die Sehne nach vorn.

Das ist das stabilste Design überhaupt und im Abschuss immer am fehlerverzeihendsten. Nachteilig ist die vergleichsweise geringe Geschwindigkeit, der unkomfortable Auszug (stack) und der Handschock.
Wenn man die äußeren Enden des WA zum Reflex formt, speichert der Bogen mehr Energie, ist weicher auszuziehen und hat normalerweise weniger Handschock. Je größer der Reflex ausfällt, um so weicher ist der Bogen zu schießen und um so schneller wird er.
Nachteilig ist, dass der Nock jetzt ein wenig vor dem übrigen WA liegt. Der WA zieht die Sehne nicht mehr nach vorn, sondern schiebt sie teilweise oder auch gänzlich.

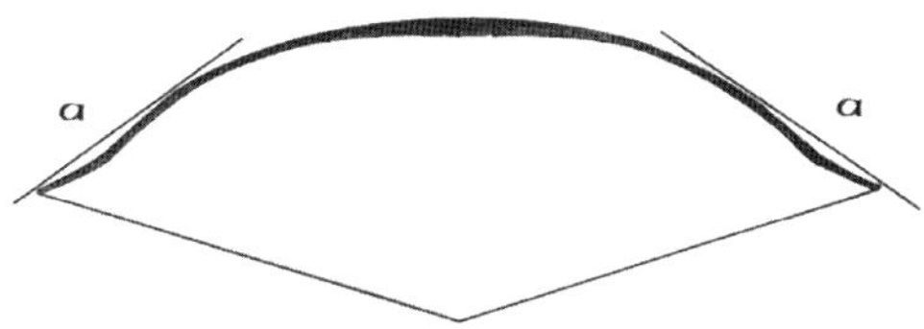

Im Release (beim Lösen) geht die Sehne aber grundsätzlich nicht gerade nach vorne, sondern sie gleitet in einem Winkel zu der eigentlichen Sehnenrichtung (strack nach vorn) von den Fingern. Diese Seitwärtsbewegung überträgt sich auf den WA, der nun auch seitlich abgelenkt wird. Wenn der WA eine herkömmliche gerade Form hat, ist die seitliche Auslenkung des WA gering. Bei einem WA mit Reflex wirkt der Reflex als Hebel, der um so länger ist, je weiter der Nock vor dem übrigen WA steht. Der WA wird also nicht nur gebogen, sondern auch verdreht (tordiert).

- Je größer die Torsionskräfte sind, um so empfindlicher wird der Bogen, die Akkuratesse leidet.

Bogen mit einem sehr schmalen WA, die bei Standhöhe einen Reflex haben, sind oft etwas schneller als andere LB, aber sie sind auch nervöser, weil der WA weniger Torsionssteifigkeit besitzt.

Recurve-Bogen

Die gleichen Überlegungen gelten auch für RC-Bogen. Deshalb sind RC auch schneller und so unglaublich weich zu schießen. Bei der Geschwindigkeit des RC spielt aber noch ein anderer Faktor eine Rolle. Es kommt auch darauf an, wie sich die Sehne um den WA rollt.

Berührt die Sehne den WA im aufgespannten Zustand nur am Tip, kann man von einem geraden oder einem deflex-reflex-LB sprechen. Liegt die Sehnen aber bei Standhöhe am WA auf, wird aus dem reflexen WA ein Recurve-WA.

Ein RC speichert noch mehr Energie als ein reflexer LB, denn durch das Aufliegen der Sehne am WA wirkt der WA wie ein kürzerer und stärkerer WA. Die effektive Arbeitslänge eines WA geht eben bis zum Auflagepunkt / Berührungspunkt der Sehne mit dem WA. Beim Ausziehen des Bogens wickelt sich die Sehne ab und der WA wird dadurch quasi länger, bis die Sehne komplett abhebt und den WA nur noch am Nock berührt. Jetzt wirkt der WA wie der eines sehr effizienten Flachbogens. Das ist ein sehr schneller und weicher Bogen, dessen WA aber auch beim Abschuss (Paradoxon des Bogenschießens) hohen Torsionskräften unterliegt. Um diesen Torsionskräften Widerstand zu leisten, haben moderne RC viel breitere WA als LB. Auch hier gilt wieder: Je extremer der Recurve ausfällt, um so weicher ist der Bogen zu schießen und um so sensibler wird er bezüglich Abschussfehlern; es sei denn der Bogen hat WA, die extra torsionssteif sind.

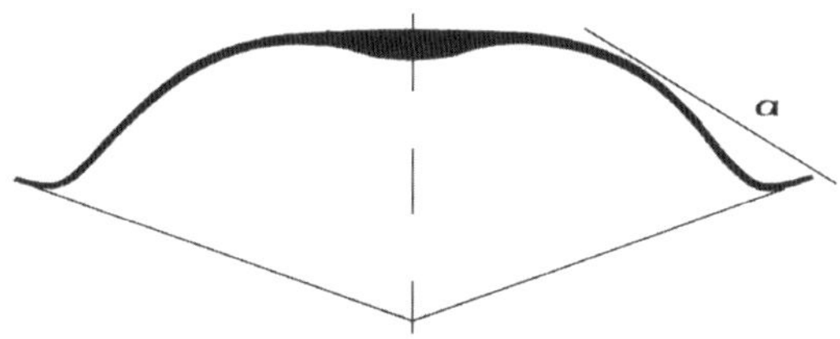

- Ausgeprägte Recurves machen einen Bogen also schnell und weich, aber auch empfindlich.

Jeder muss selbst entscheiden, worauf er bei einem Bogen Wert legt. Bogner mit einer sauberen Technik können schnellere und empfindlichere Bogen schießen, der Rest von uns sollte auf ein wenig Geschwindigkeit zugunsten der Akkuratesse verzichten. Kompromisse gehören zu den Schattenseiten des Lebens.
Geschwindigkeit ist eine tolle Sache, sollte aber nicht alle anderen Kriterien zur Seite drängen. Ein akkurater Bogen ist wichtiger, da ein langsamer Treffer immer besser zählt als ein schneller Fehlschuss. Wonach wir alle wirklich suchen ist ein schneller Volltreffer!
Geschwindigkeit bei gleichzeitiger Akkuratesse wird immer angepriesen, und man sollte meinen, dass ein Qualitätsbogen beides vereint. Ich kann euch sagen, dass die Synthese dieser sich ausschließenden Extreme kein Hexenwerk sein muss.

Ihr könnt die WA eines RC selbst vor dem Kauf prüfen, wenn ihr sie seitlich biegt und verdreht. Fühlt dabei, wie steif die WA sind. Ihr werdet überrascht sein, wie torsionsweich manche Bogen sind (die lasst besser beim Händler) und wie steif einige Top Bogen ausfallen. Wir haben heute WA mit Carboneinlagen, die unglaublich steif sind, obwohl der Recurve sehr großzügig ausfällt. Bei diesen außergewöhnlichen Bogen findet ihr viel Geschwindigkeit, einen weichen Abschuss und eine herausragende Akkuratesse.
Ehe ihr jetzt die WA beim Händler verbiegt, fragt ihr besser vorher um Erlaubnis. Tordiert die WA nur so weit, dass ihr spürt wie steif sie sind, sonst könnt ihr den Bogen auch beschädigen.

Mittelteile

Ein WA ist letztendlich nur so gut wie das Mittelteil (MT), von dem er arbeitet. Wenn der WA verdrehungssteif ist, sich das MT aber in der Hand im Abschuss dreht, ist bezüglich Akkuratesse nicht viel gewonnen.

Man muss bezüglich der Akkuratesse auch das Gesamtdesign betrachten. Die Fragestellung lautet: Wie leicht kann die Bogenhand den Bogen verdrehen? Klar muss der Bogner seine Technik perfektionieren. Es geht aber darum, einen Bogen so zu konzipieren, dass Abweichungen der Schießtechnik eher ausgeglichen als verstärkt werden. Wir reden hier von der Geometrie des MT an sich, und das ist unabhängig vom Bogentyp, denn LB und RC werden gleichermaßen von der MT-Geometrie beeinflusst.

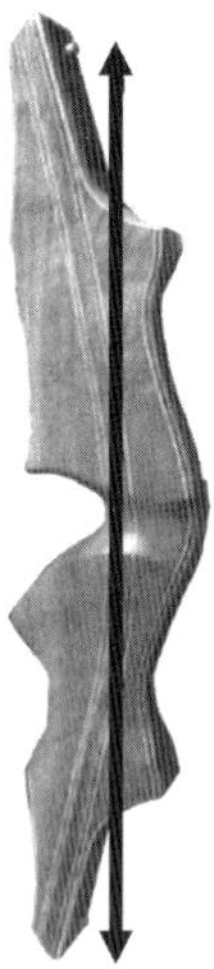

Beim MT unterscheiden wir zwischen reflexen, geraden und deflexen MT. Generell sind deflexe MT langsamer und fehlerverzeihender, die reflexen schneller und nervöser zu schießen. Ich muss hinzufügen, dass es auch nervöse deflexe Designs gibt und stabilere gerade. Das hängt dann aber auch von der WA-Geometrie ab.

Ein Beispiel für ein deflexes MT sehen wir links. Hier liegt der Druckpunkt des Griffes vor der Hauptmasse des MT. Unter Berücksichtigung der WA liegt hier der Druckpunkt weit vor dem Schwerpunkt des Bogens.Ein Verdrehen des Bogens wird hier weitgehend verhindert.

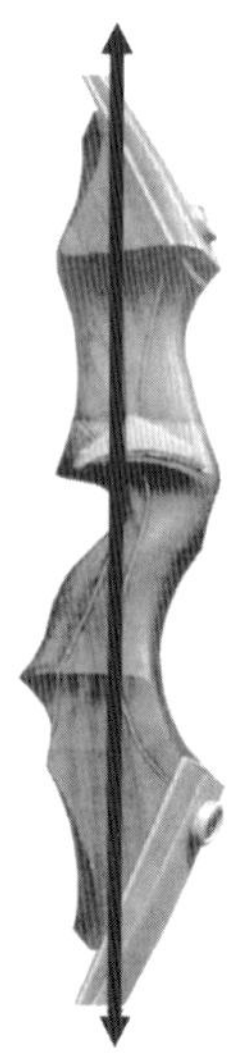

Beim geraden Design (Abb. rechts) liegt die Masse des MT in etwa auf Höhe des Druckpunkts. Schwerpunkt und Druckpunkt fallen beim MT zusammen, und nur die Masse der WA verlagern den Druckpunkt des Bogens vor seinen Gesamtschwerpunkt. Der Bogen kann leichter in der Hand verdreht werden.

Das MT rechts ist deutlich reflex, sein Druckpunkt liegt deutlich hinter dem Schwerpunkt. Der Bogen verdreht sich noch leichter in der Hand als der mit geradem MT. Daran kann man auch, anders als beim WA, durch andere Baumaterialien nichts ändern. Man kann nur Stabilisatoren anschrauben.

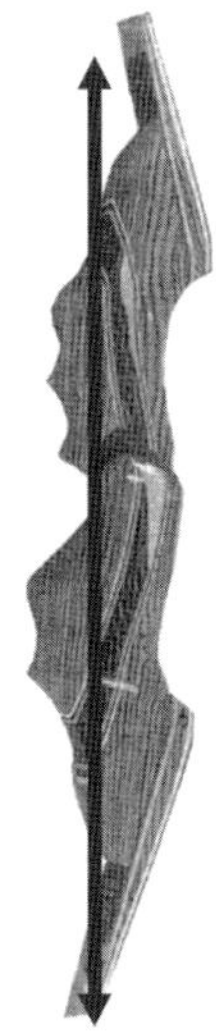

Bogendesign ist ein komplexes Thema. Wir haben hier nur die Grundlagen gestreift.

Bis hier also der Beitrag von Sid Ball. Dieser letzten Bemerkung kann ich mich nur anschließen, aber in diesem Kapitel Bogenphysik ging es auch nur darum, die Basis für die Beurteilung eines Bogens darzulegen, ob ihr nun selbst zum Reißbrett schreitet oder euch bei eurem Händler umschaut.

Ausrüstung & Schießtechnik

Praktisches Handbuch
für Trad. Bogenschützen
Hilary Greenland

Basisbuch über traditionelle Bogen mit Anleitungen zum Pfeile-, Sehnen- und Bogenbau und Pflege.
ISBN 978-3-938921-06-7
18,00 €

TRADITIONELL TUNEN
Feinabstimmung von Langbogen & Recurve

Theorie und praktische Anleitung zur Selbsthilfe für einen geraden ruhigen Pfeilflug.

ISBN 978-3-9805877-1-1
10,00 €

BOGENSCHIESSEN -
Ausrüstung & Zubehör selbst gemacht

Das komplette Zubehör, die ganze Ausrüstung eines traditionellen Bogenschützen zum Nachbau. Vom Armschutz über Bogensehnen, Pfeile, bis zur Zielscheibe.
ISBN 978-3-938921-03-6
39,80 €

DER BEFREITE SCHUSS
Von der Scheibenpanik zum harmonischen Schießen

Ekkehard Höhn hat eine konkrete Anleitung zur Überwindung von Scheibenpanik entwickelt, und die Freude am befreiten Schießen wiedergefunden.
ISBN 978-3-938921-09-8
20,00 €

INSTINKTIVES
SCHIESSEN 1

Fred Asbell stellt seine Art des Instinktiven Schießens vor, gegründet auf 30jährige Erfahrung als Bogenjäger.
ISBN 978-3-9805877-2-X
17,80 €

INSTINKTIVES
SCHIESSEN 2

Asbells zweites Buch zum Instinktiven Schießen, mit besonderen Tipps zu Langbogen, Recurve+Compound.
ISBN 978-3-9805877-9-7
19,80 €

Klassiker

Bogenschiessen/
Werfen mit dem Bumerang
E. Mylius / O. Faber
Reprint von ca. 1920
Für viele Generationen von Bogenschützen war dies die einzige Anleitung zum Bogenschießen. Historisches Kleinod! 84 Seiten geb.
ISBN 978-3- 938921-00-5
12,80 €

Bogen und Pfeile
T. Marcotty

Originalgetreuer Reprint von 1958. Wunderschönes Lesebuch mit Geschichten um die Bedeutung und Handhabung des Bogens. Vergnüglich und informativ zugleich. Geb.
ISBN 978-3-9805877-8-9
19,80 €

Das Magazin

TRADITIONELL BOGENSCHIESSEN
Fachmagazin für Langbogen und Recurve

4 mal im Jahr Berichte aus der Szene, Geschichte, Bogenbau, Schießtechnik und selbst gemachte Ausrüstung. Mit großem Terminkalender für Kurse und Turniere.
Im Bahnhofsbuchhandel oder beim Bogensporthändler, oder direkt beim Verlag.

Einzelheft		6,- €
4er ABO Deutschland		24,- €
	Europa	30,- €
	Weltversand	35,- €

Bogenbau

Das Bogenbauerbuch
Europäischer Bogenbau von der Steinzeit bis heute

Anleitungsbuch für verschied. Bogentypen, vom mittelsteinzeitlichen über den englischen bis zum modernen, laminierten Langbogen.
21 x 27 cm geb.
ISBN 978-3-9805877-7-0
29,80 €

Auf der Spur des Osage-Bogens

Dean Torges
Einmalige und wertvolle Tipps zum Holzbogenbau, von einem echten Könner für Fortgeschrittene Bogenbauer.
Sehr unterhaltsam zu lesen!
A5, 216 Seiten
19,80 €

Bogenbau & Geschichte

Die Bibel des Traditionellen Bogenbaus Band 1

Holz fällen u. Lagern, Eibenbogen, Flachbogen aus Osage, Bogen d. westl. Indianer, Leim u. Klebstoffe, Sehnenbelag, Tillern, Selbstgebaute Pfeile. 360 S. geb.
ISBN 978-3-9808743-2-X
34 €

Die Bibel des Traditionellen Bogenbaus Band 2

Bögen aus Brettern, Bogen d. östl. Waldlandes, Bogen d. europ. Vorgeschichte, Komposit-Bogen, Holz biegen, Recurves, Sehnen, Köcher u. Zubehör. 360 S. geb
ISBN 978-3-9808743-5-4
34 €

Die Bibel des Traditionellen Bogenbaus Band 3

Werkzeuge, Bogen der Welt, koreanische Bogen, afrikanische Bogen, Take-Down-Bogen, Steinzeit-Bogen, Steinspitzen, Holzpfeile.
18 x 25 cm, geb.
ISBN 978-3-9808743-9-7
34 €

Die Bibel des Traditionellen Bogenbaus Band 4

Bogenholz, laminierte Bögen, Wärmebehandlung, Bogen aus der Kupferzeit, Pfeile aus aller Welt, Ishis Ausrüstung, Dein erster Holzbogen.
18 x 25 cm, geb.
ISBN 978-3-938921-07-4
34 €

Geschichte

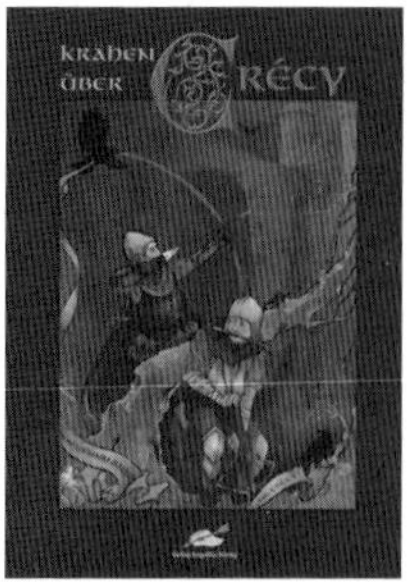

KRÄHEN ÜBER CRÉCY

Dr. Johann Baier

Aus der Sicht engl. u. franz. Bogenschützen, Ritter, Kammerherr und Fahnenträger werden die Vorgänge der Schlacht um Crécy lebendig erzählt.
208 Seiten,A5, geb.
ISBN: 978-3-938921-14-2

22,80 €

DIE SCHLACHT BEI AGINCOURT

Dr. Johann Baier

Seit Shakespeare wurde von dieser Schlacht nicht mehr so lebendig und anschaulich berichtet!
144 Seiten, A5, geb.
ISBN 978-3-938921-01-3

19,80 €

DER GEFIEDERTE TOD

H. Seehase / R. Krekeler

Die Geschichte des englischen Langbogens in den Kriegen des Mittelalters.
246 Seiten, A5
ISBN 978-3-9805877-6-2

19,80 €

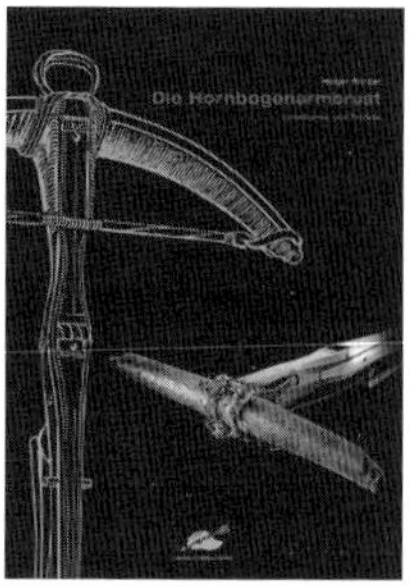

Die Hornbogenarmbrust

Geschichte und Technik
Holger Richter

Einmalige Dokumentation von Meisterwerken der Bogenbaukunst: Komposit aus Horn und Sehnen. Zahlreiche Detailfotos und Maßangaben von historischen Stücken.
192 Seiten, geb.
ISBN 978-3-938921-02-1

39,80 €

Romane für Bogenbegeisterte

DAS HORN DES HASEN

Günther Bach

Roman über einen verschwundenen Freund und die Faszination des Bogenschießens, spannend wie ein Krimi geschrieben.
170 Seiten

12,50 €

PFEILE IM NEBEL

Günther Bach

Die Fortsetzung. 15 Jahre später hat sich einiges gewandelt, und wieder einmal verändert das Bogenschießen auch das Leben der Menschen.
264 Seiten

15,50 €

GEGEN DEN STROM

Günther Bach

Wer zur Quelle will, muss gegen den Strom schwimmen, so sagt es das chinesische Sprichwort. Dieser dritte Bogenschützen-Roman setzt die Geschichte von Rolf und Erhard in den kanadischen Wäldern fort. **14,50 €**

Abenteuer

TAVUA - Der weiße Kannibale

Rick Williamson, der Abenteurer mit dem Bogen, hat sein Leben mit einem unbekannten, primitiven, kannibalischem Pygmäenstamm im rauen Inneren von Espiritu Santo leben, dokumentiert.
21 x 27 cm, 144 Seiten, geb.

28,00 €